101 百尺竿头 更进一步
它是永不自满的象征
——郭沫若

陆云泉◆主编

烛光照亮梦想

ZHUGUANG ZHAOLIANG MENGXIANG

北京理工大学出版社
BEIJING INSTITUTE OF TECHNOLOGY PRESS

图书在版编目（CIP）数据

烛光照亮梦想/陆云泉主编．—北京：北京理工大学出版社，2021.1

ISBN 978-7-5682-9526-0

Ⅰ．①烛…　Ⅱ．①陆…　Ⅲ．①中学教育-教育研究　Ⅳ．①G632.0

中国版本图书馆 CIP 数据核字（2021）第 021181 号

出版发行／北京理工大学出版社有限责任公司
社　　址／北京市海淀区中关村南大街 5 号
邮　　编／100081
电　　话／（010）68914775（总编室）
（010）82562903（教材售后服务热线）
（010）68948351（其他图书服务热线）
网　　址／http：//www.bitpress.com.cn
经　　销／全国各地新华书店
印　　刷／三河市华骏印务包装有限公司
开　　本／710 毫米×1000 毫米　1/16
印　　张／13.25
字　　数／168 千字
版　　次／2021 年 1 月第 1 版　2021 年 1 月第 1 次印刷
定　　价／56.00 元

责任编辑／申玉琴
文案编辑／申玉琴
责任校对／周瑞红
责任印制／李志强

序言一

锤炼自我，学做学生的恩师

陆云泉

前段时间读了日本作家黑岩祐治的《全世界都想上的课》，深受其老师乔本武教学思想的启发。

乔本武，在一所私立学校从教70多年，其根据学生的实际情况依据小说《银汤匙》自编校本教材，他的每一届学生都用这套教材。当然，在每届学生使用之前，乔本武都会根据上届学生的学习效果进行修订。

乔本武采取自创的“绕远”“跑题”“走岔道”课堂教学法教授学生。

“绕远”，就是引导学生在学习语言时采用“漫阅读”法，多迂回，即引导学生往远处走，在各种学习活动中体验学习乐趣，在诸多坎坷碰撞中培养学生真正的学习能力。

“跑题”，即和孩子们一起在课堂上由此及彼地联想、想象，拓展、补充学习内容，给人以不着边际感，逼着孩子们实践语言、深度思维、建构言语，提高学生真正的语言能力。

“走岔道”，即指导孩子们在学习过程中不走直道、正道，多走弯道、岔道，从而提高学生真正的、生存的必需能力。

乔本武是一位有能力满足包括学生、家长、学校等各方期待的老师。他教学有创意，做人有个性，课堂有笑声，生活有味道，做事肯钻研；他善于挑战自我，拥有丰富的自我世界，能够让自己的授课于20年后大放光芒。同时，他也是一位有着坚定的教育信念、如火般的教育热情，与学生时常发生各种思维、心灵碰撞的老师。

乔本武，改变了他的一届又一届学生的人生，很多学生因他而实现了梦想。他是学生的经师、人师，更是学生的恩师。他为我们为师者提供了榜样。

我们都知道，经师易做，人师难为，至于当学生的恩师，那将是为师者的一种愿望、理想和追求。

那么，什么样的老师能成为学生的恩师？非得做到像乔本武那样吗？

事实上，并不是所有的学生都能碰到恩师，也不是所有的教师都能做学生的恩师。“恩师”，顾名思义，与学生有恩的老师，是极个别学生对极个别老师的敬称。因为这个老师在他的人生旅途中对他的人生抉择起过关键作用，让他挂怀、难忘一辈子，这个学生为了感激这位老师，于是称其为恩师。换言之，学生称自己老师为恩师是有着自我个性化的条件的，黑岩祐治称乔本武为恩师，原因是乔本武让他走上了作家之路，是乔本武改变了他的人生，也是乔本武在关键时刻给予了他人生的温暖。

恩师，不同于血脉相连的亲人，不同于志同道合的朋友，恩师是学生生命中最关键的那个人。

那么，对于广大的普通教师而言，有没有能从若干个“恩师”楷模中找到可借鉴的地方呢？以便主动锤炼自我，朝着做学生恩师的目标奋进。

新教育的倡导者朱永新先生认为教师职业大致有四种境界：第一，做让学生瞧得起的老师，学高为师，身正为范；第二，做让自己心安的老师，用心爱学生，对得起自己的良心；第三，做让学校引以为豪的老师，学校以之为荣，不可或缺；第四，做让历史铭记的老师，做大学问，成大师。

这无疑为我们教师的职业追求提供了标准。

我们可能穷其一生也很难达到如此的高度，但不影响我们学做学生的恩师。我们可以从做一个有教育理想并不懈为之努力的老师开始。我们可以做一个勤于学习、不断充实自我的教师，做一个主动思考、善于思考、勤于思考、积极创作的教师，做一个拥有一颗年轻的心、始终燃烧着激情的、心中有爱的、有创新创造愿望的老师，做一个善于给孩子时间、空间和心灵自由的老师，做一个能与孩子换位思考、相互理解和尊重的受学生欢迎的教师，做一个能和学生一起晨诵、午读、暮省的老师，做一个目中有人、心中有爱、腹中有诗、梦中有远方、指上有金的老师。

序言二

要教书，更要育人

陈德收

我经常对青年教师说，当老师的教书是手段，育人是目的。

一提育人，大家就觉得这是个高大上的问题，似乎觉得我们就一个小老师，又能做什么大教育呢？做教育，那是专家学者们的事情，那是学校领导们的事情。

实际上育人之事关乎学生的发展，人不分老幼，地不分南北，每一个社会公民都应担负起这份责任。

尤其是做老师的，因为身份所在，因为职责所系，更应该主动担当起育人这份责任和使命。

“老师”，其中的“师”字提醒我们，我们大小也是个“师者”，是“师者”就要担负起“传道受业解惑”的重任。“传道”，传什么道？按照孔子的说法是，传为人之道，传修身之道，传文武之道；“受业”，授什么业？按照孔子的做法是，授礼、乐、射、御、书、数六种技艺和能力，按照今天的说法就是如何做事、做事之法；“解惑”，解什么惑？解为人处世，待人接物，修身、齐家、治国、平天下之惑。

因为现今的教师，主要不是经师，而是人师，所以我们应不忘初心，牢记“教书育人”之使命。

明白了这个道理，再来看教师工作，就会领悟时时处处育人的道理。按照儒家的观点，洒扫庭除，都可育人。

作为教师，育人是一种需要，包括个人教书育人的职业需要、育善人好人的心理需要，也包括立德树人的国家需要、培养合格建设者的社会需要，还包括培养品质优良的孩子的家庭需要、培育良好美德的学生个人需要。

作为教师，教书育人也是学科工具性的需要。学科是工具，学习某一学科的目的不是单单掌握这一学科工具，而是利用学科这一工具做事，以便更好地为社会、为人民、为他人、为国家、为民族服务。

总之，作为教师，我们要切记，既要教书，更要育人，育人为本。

目　录

CONTENTS

第一篇　让花朵自由“绽放”

第二篇　心中有爱“传达”出来

第三篇　教书育人“育”字立先

第四篇　教学有术以“学”为本

第五篇　学生成长需要“逗哄”

第一篇　让花朵自由“绽放”

让花朵自由“绽放”

陈德收

任何生物都有绽放自我美丽的愿望。

小草渴望长得青枝绿叶，小树期盼长得高大参天，哪怕是寿命短暂的昙花，一旦给它绽放的时机，它也会竭尽全力释放自己的能量，彰显自己的光彩。

植物是这样，动物也如此。如为了一个夏季的唱响而在泥土下潜滋暗长的蝉，在众人面前尽情开屏的孔雀……

似乎，只要是有生命的东西就都希望有绽放自我的机会和平台，这是自然规律。

教师被誉为花工、园丁、人类灵魂的工程师，作为匠师，其应有的职责是小心呵护学生、精心管理他们的生活、引领他们积极向上、设计他们的未来和当下应走的路，为他们的健康昂扬生长而提供机会和平台。

前提是尊重他们的成长规律，适时地为他们提供营养和服务。

孩子幼小时正常的哭是练习肺活量的需要，孩子满地爬是出于对世界的好奇，孩子抓起东西就往嘴里送是因为想感知世界的味道……

孩子的成长是他们自己的事，大人能做的是为他们提供健康安全的环境和洁净美味的食品。

孩子长大了，上学了，他们练习成长的本领，他们寻找属于他们的朋友，他们建构自己的世界……

家长、教师能够做的不是滥加关心、干预，替代他们的成长，更不是越俎代庖，甚或是拔苗助长，我们不能剥夺他们绽放的权利。

我们能做的是在他们要绽放、能绽放时，为他们保驾护航，给他们适当的帮助，力所能及地为他们提供绽放的平台和机会。

有时候，适度放任就是帮助孩子们成长。

家长、老师最容易犯的毛病就是看着孩子的成长心太急。孩子们在成长过程中该经历的一定要让他们经历，唯有经历过了，他们才会在一次又一次的经历中一点点长大。

十年树木，百年树人，心急吃不得热豆腐，在孩子的成长这件事上，就是要文火慢炖。

解读学生的言行密码

邢秀清

“上课!”

“起立!”

每一节课都是以这样的方式开启，我喜欢这一刻，师生对视，生机勃勃，好像能给彼此注入力量。然而今天我却有点忐忑，因为耿小卉（化名）已经连续三天不起立了，大前天说肚子疼，前天说腰不舒服，昨天说头疼，今天呢？我往后排一看，果然又趴在桌子上。我气不打一处来，语气也从关切的询问变成了质问：“耿小卉，你今天又是哪里疼?”她站起来冲我喊：“我哪里都疼，不行吗?”说完，她一摔门走了。我震惊了，印象中，她一直是个乖巧而内向的女孩儿，这是怎么了？我匆匆安排了一下学习任务，追了出去。等我赶到办公室，发现她正在和班主任哭诉。我问她：“小卉，你到底怎么了?”她哭着说：“我还想问老师您呢，我哪里表现不好了，您要惩罚我?”我愕然：“我怎么罚你了?”“整整一个礼拜，5 节课，您提问了班里的每一个人，有的人提问了两次，而偏偏把我绕过去了，这是为什么?”“啊？真的吗，那太抱歉了，老师没意识到这一点。”“真的？我以为您不喜欢我了呢。”“怎么会呢，你那么乖巧可爱。”听我这么说，她破涕为笑了。这是我刚刚走上讲台不久发生的一件事，给我留下了深刻的印象。学生异乎寻常的表现背后一定有原因，如果老师能捕捉到信息，就能未雨绸缪，避免发生很多误会。

后来，读到了美国儿童心理学家海姆·G. 吉诺特的《孩子把你的手给我》，其中有这样一个故事：妈妈带着女儿第一天上幼儿园，园长带着她们熟悉幼儿园的环境。小女孩看见墙上挂着的小朋友的画，说："画得这么差，还挂在墙上。"看见地上有一辆玩坏的玩具汽车，说："玩具坏了，随地乱扔，真不应该！"妈妈感觉没有面子，很丢人，于是就说："闭嘴，不要乱说，要有礼貌！"妈妈完全不懂女儿的语言中所传递的信息。而园长的回答却是："小朋友画的画，无论好坏，都可以挂在墙上。""玩具就是给小朋友玩的，玩坏不要紧。"其实，小女孩语言信息的解码是：自己画画不好，还可能挂在墙上吗？自己不小心玩坏了玩具，会受到指责吗？园长读懂了小女孩语言中的"密码"，她的回答小女孩很满意，很放心，于是愿意留在这所幼儿园。①

其实，很多时候，我们只是按照学生字面表达出来的意思来认识他们，根据他们某一时刻的行为评判他们，而没有想过他们语言或行为背后真正要传达的信息。在一定的情境下，学生的语言和行为是有密码的，就看老师能否解码。通过学习和观察，我逐渐可以得心应手地解码学生的真实意愿了，比较成功的一次发生在一次运动会上。

运动会进行到第二天，男子接力的人选颇费周折，原定的陈小华（化名）同学脚受伤了不能上场，当大家在讨论谁去跑更合适时，陈小华大声说："邢老师，我觉得应该让刘小明（化名）去跑。"原本是班委和我商量，他那么大声表达，明显是想让全班同学都听到。我敏感地意识到他的话里有情绪。我按照一贯解决问题的方式说："把咱们班现有人选里最快的派上去就好。"他立刻反驳："老师，我认为运动会的精神是重在参与，我们班反正也拿不到名次了，应该让没有项目的同学上去参与一下。"这一句"反正我们班也拿不到名次了"才真正

① 海姆·G. 吉诺特. 孩子把你的手给我［M］. 北京：京华出版社，2010.

代表他的心声，我敏感地捕捉到了这个有效信息，破译了他的语言密码：他是我们班这次运动会的主力，即使非常努力争取，也没有改变班级名次较后的现状，好胜心强的他转而迁怒于没有项目的同学，认为他们对班级贡献太小了。刘小明是学习优等生，但体育却很少及格。他提出这个建议还真是当众给我出了个难题。

在教育工作中，当众交流最考验智慧，表面看起来是和一个学生谈话，但实际身边有那么多双眼睛在看着你做何反应。海姆·G. 吉诺特在《老师怎样和学生说话》中有一段精彩描述：“它不仅可以决定班级里的气氛是趋向合作还是敌对，孩子们的情绪是趋向赞同还是辩驳，孩子本人是愿意改正还是报复，而且还会影响到孩子的言行将来是变好还是变坏。”① 我意识到他的说法代表了一部分人的想法，要立刻解决大家的思想问题，丁是道：“陈小华（化名）同学的话表达了两个意思：第一，对我们班拿不到名次既无奈又失望。我非常理解他的情绪，我们班运动会成绩不够好，不是因为我们不够出色，而是文科班男生太少，所以我们也不要因此就妄自菲薄。在运动场上，我们班好多同学都没有必胜的把握，但他们为了集体不怕把自己的失败公之于众，这种勇气非常可贵。我们先用掌声向我们班的运动员表示感谢。”我这是在帮他分析：自己的情绪不是对同学的不满，其实是对成绩的不满，而成绩不好的原因是客观原因，我们这个集体是肯定他们的贡献的。然后我鼓劲道：“第二，他觉得反正要输，就不要最后一搏了。电影《梅兰芳》里有句台词很经典：‘输不可耻，怕才可耻。’体育不是咱们班的强项，无论输赢，我们都要有尊严，男子四百米接力赛无论输赢都不可能改变最后的总分名次，那我们就此放弃这个有可能得分的项目吗？男生自己商量一下再决定。”说完我就当观众去了。不出我所料，现有阵容里最快的男生上场跑去了。结果我们班得了第三名，虽然只得到两分，总分依然没有进入可以获奖的行列，但同学

---

① 海姆·G. 吉诺特. 老师怎样和学生说话［M］. 海口：海南出版社，2005.

们拼命呐喊，不放弃拼搏到最后的那一幕深深留在了同学们的记忆中。那一刻，便是永恒。

要想解读学生语言里的密码，需要老师站在学生的角度思考，考虑他的需求和问题，如果能对症下药，既表扬优点，又指出努力的方向，就能起到润物无声的效果。

君子协定

李颖楠

沛沛的作业问题着实是个令人头疼的问题。接到任课老师们的不断反馈后，我向他再三强调、反复提醒，甚至放学后留下他补完、与家长共同监督，这些方法都用过后，依旧收效甚微，治标不治本。在又一次接到任课老师的投诉后，我意识到有必要换个思路帮助他解决作业问题。

我先让沛沛把自己不写作业的原因想清楚后写下来，然后来找我谈。课间，他带着半页“说明”来到我办公室。我看了看他列出的原因，字虽然歪歪扭扭，但应该是认真思考后的结果。他把作业分成“需要动脑子完成的”和“费墨水完成的”两种。对于思维敏捷的沛沛，他的喜好选择不言而喻。他挑拣部分逻辑性较强、比较感兴趣的理科题目先完成，对于一些需要识记的文科作业，则选择拖沓到最后，但终因“懒得去做”而无法提交。

清楚原因后，我问他是否有解决方案，是否需要老师对他进行单独的分层作业布置等，沛沛表示不需要。我以他的成绩数据为依据进行分析，他认识到自己长期不提交作业的科目其实是最需要巩固与加强的。接下来就是解决“懒”的问题。沛沛看着我，以为我会老生常谈，又会向他强调作业的重要性，因此一副了然于胸的模样等待着。

望着他的这副表情，我开口道："李老师最近也比较懒。"话音刚落，他如同"变脸"般一脸惊愕，我继续说道："我不仅承担整个年级的历史课程，担任班主任，每天还会有很多的事情，所以每当下班回家后，我也觉得很累，只想好好休息，也不想再看书了。这本书你应该见过吧，每天中午看班时我都带去看一看，但是几天过去了还在这一章中徘徊呢。"我边说边将这本书翻给他看。

听到这里，沛沛睁大了双眼，嘴角慢慢上扬，我知道他在笑李老师也有跟他一样的问题。我问沛沛："你觉得我一直持续这样的懒散状态好吗？"沛沛若有所思地摇摇头。"我也不喜欢这种状态，班上的同学们都在积极努力着，我觉得自己快成为班级'落后分子'啦。"说到这里，我注意到沛沛又在若有所思地点着头，我想这次他是听进去了。而我一时还没有找到解决他作业问题的办法，于是我提议道："我需要想办法改变，你也可以帮我想想办法，我们明天再谈。"

下班回到家，我回忆起担任他们班的任课教师以来他的一些事情。以我对沛沛的了解，他是一个讲义气、重承诺的孩子。想到这里，一个主意突然在脑海中浮现。既然重承诺，我就要与他做一个郑重的约定。

第二天早上，我起草了一份"君子协定"交给了他。看到协定时，沛沛的眼睛亮了，他很认真地读完后重重地点了点头，然后又誊写了一份副本，内容是："李老师与沛沛同学约定（另一份为沛沛与李老师约定），自订立协议起，不做班级'落后分子'，学习积极努力。本学期李老师读完《……近代史》一书，沛沛不再拖沓作业，双方互相监督，协定自签订之日生效。"我们郑重签上了名字、日期后各领一份，沛沛还提议将这份"君子协定"放在书桌旁，以示提醒。

或许是对承诺的看重，对老师同理心的认可，对这种形式的新奇感使然，签订协定后沛沛变化很大。当然我也会不定期地监督和提醒，让他知道我很看重我们的协定，增加协定在他心中的分量，直到学期

结束，沛沛的各项作业都是按时提交。

我认为，在处理班级常态问题时，教师可以根据实际情况，适当创新方式方法。“微创意”的融入，提高了学生接受度，对于解决班级问题事半功倍。当然，“微创意”来源于对学生的观察和了解，须结合学生特点选择适当方式，力求做到因材施教。

三碗米线，三个体味

殷卫霞

“我发现政治学科是很厉害的学科，这是从遇见您开始的。我不止一次地和周围人说：如果我的班主任不是老殷，可能我的人生会改写，可能我遇不上现在的人和现在幸运的事。”

生日之际收到了已经毕业三年的然然的来信，她的来信将我带回到了十年前。

高一刚开学的一天，然然把黑板擦得花里胡哨，受到卫生委员提醒的她不以为然，还对卫生委员大发脾气。我没有直接批评她，而是说：“我们一起吃午饭吧。”原本一身戒备的她马上露出孩子特有的童真，欢愉地与我一起来到了米线店。

吃米线期间，我们或聊她初中的生活，或聊我最近的工作，一顿简单的午餐、一份轻松的心情，一下子拉近了我们的距离。我顺着聊天的话题，似无心但却有意地说道：“做什么事都要上心，比如值日，比如擦黑板，凡事要做就要做到位。”她欣然答应。

就在那天放学总结时，我提议请然然同学为我们做一次标准的擦黑板的示范。她愉悦地走上讲台，耐心、细致地向同学们讲解了擦黑板的三步骤，与之前那个叛逆的然然判若两人。至此之后，她做值日异常认真。

回味这碗米线，我体味到了关系的力量。教育心理学认为，在教育情境中，互动双方的情感关系是学生最终取得学业成功、教师最终实现教育成功的关键。在班级管理过程中，只有学生对班主任具有良好的师生情感，真正感受到班主任的可亲、可敬、可信赖时，老师才能掌握班级教育管理的主动权，使教育管理目标内化为个体的自觉要求，班级管理才可以达到此处无声胜有声的境界。

进入高二，然然迎来了她人生的迷茫期。成绩没有了优势，又因感情问题陷入了情绪的低谷。她的状态令我担忧，米线店也就成了我们常去的地方。

她的来信也提到了这一段："在我不知道向谁倾诉的时候，您及时地发现了我的迷茫。我忘不了那个最寒冷的冬天，那是个我至今都认为我人生最低谷的寒冬。几乎每天我都有无尽的情绪困惑和您讲，您听我一遍又一遍地重复同一个解不开的心结。每次和您聊完天，我都感觉迷茫和黑暗的前方有一盏明灯在照亮我，我应该干些对自己更有帮助的事情。"

当时对她的疏导过程很艰难，一直以为我的努力没有成效，直到看到她的来信，我才知道，原来我们的谈话是让她看到了前方的灯光的，原来我们的谈话是曾激起她要做些改变的激情的。

回味第二碗米线，我体味到耐心的力量。青春期的孩子欢动跳跃的青春背后的沉重，不是一两次的谈话可以化解的，这需要我们对她的改变有足够的等待与耐心。教育就是一个"慢活儿"，是一个生命对另一个生命潜移默化影响的过程。学生会因你的耐心而感动，她会感受到你的关注和理解，从而转化为一种改变的力量。

进入高三，然然又走进了另一个状态：她会经常与家长产生摩擦、会在课堂顶撞老师、会因莫名其妙的原因与同学发生肢体冲突……

一次她与语文老师发生冲突，摔门而出，年级领导严厉地批评了她，并表示要给她纪律处分，结果原本准备认错的然然，抵触情绪一下子被刺激了出来，与年级领导的谈话在极其不愉快、矛盾升级中结束了。

再次来到米线店，在听她倾诉的过程中，我了解到，她的这些举动源自对自己现状的不满、对未来不可控的焦虑。当晚，我与校领导做了沟通，校领导也对她的行为表达了理解与宽容，作出“暂不处理，以观后效”的处理决定。第二天，然然心悦诚服地接受了处理决定并真诚地向老师道了歉，之后她再无顶撞老师的行为出现。

反思两次处理的效果，我发现：有时，宽容比惩罚更有力量。因为对她的理解与宽容，她重新审视了老师的态度，进而重新审视自身的行为，对自己的错误也有了更为清醒的认识。回味第三碗米线，我体味到了宽容的力量。

她在来信中也谈到了自己的这段经历：“高三的我，和同学打架、和同桌从开玩笑变成动手、挑战老师、离家出走……我有问题少年几乎所有的问题，但我有您的信任，您相信我是好孩子，您相信每一个班里的同学的心都是善良的。感谢您和其他老师、同学在那段时间给予我的宽容。”

就在然然毕业三年后，她曾经顶撞的语文老师突然去世。我收到了来自然然的微信：“我感觉好愧疚，以前上课真的好过分。我想给他抄些经，我希望我抄得快些，他走得慢些。”正如我一直认为的那样，然然是个善良的姑娘，她当时的过激行为是在特殊情绪状态下的一种不理智的情绪表达。作为教育工作者，我们要用长者的成熟去理解学生成长中的年轻，把她看作是发展中的孩子，给予理解与宽容。这份宽容是打开学生内心的“通行证”，可以使学生完成自省自律、自我教育、自我转变。

以上就是我与一个学生的故事以及三碗米线中的教育体味。

在然然的来信中，她说：“大学边上也有个米线馆，第一次是您带我吃的，熟悉的味道让我常常会感觉您在我身边，我们笑着，聊着。我希望毕业后我进入社会能带您去尝尝更多的味道。”

原来她也会回味我们一起吃过的米线的味道，原来她还想着以后带我去品尝更多的味道。读到这里，我的心充满了温暖与感动！我会带着这份温暖与感动，继续走在引领学生走向春暖花开的路上！

把自己平移到学生那里去

甄　臻

现阶段的孩子自尊心强，而且又十分敏感。因此，教师对学生及时的鼓励与认可在学生成长过程中十分重要，尤其对于初中阶段的同学而言，急需家长和老师的肯定，不论学习还是日常生活，都是如此。

疫情给教学带来了极大的挑战，网课期间对同学们的自律性要求很高。对于物理学科，每节课我都会总结重点，部分同学表现很好，能够抓住课堂，有任何问题随时提问。不过有的同学也出现了一些问题。

一名在学校表现很好的女生，单元测试考得很差，其家长联系到我，向我表达了对孩子的诸多不满，大致有：她抵触经常督促提醒学习，不愿意做学习计划，不愿意报课外班，认为自己做做作业就行；自己不是机器人，不能每天都学习，学习要看自己的心情和状态；每天最重要的是找素材写小说，不找素材写小说宁肯去死，但写的什么也不让家长看；天天熬夜关着房门不让家长进去，从不吃早饭，也不出门；自己承认疫情期间上课没认真听课，物理不会的也没有问，考前也没复习，没太当回事；现在想赶上去，又不想给自己压力，不愿意付出努力，管不住自己的行为……

在看到家长的信息后，我感到很震惊，一个在学校表现很好、一直让老师很放心、学习成绩一直很优秀的孩子怎么会出现这样的问题？在惊讶之余，我迅速转换自己的角色，想象自己就是这名女生。我清楚地记得这名女生和我说过家里还有一个弟弟，弟弟年纪很小，家里人把重心都放在了弟弟的身上。女孩原本对父母就存在着不满，看到长辈对弟弟的关爱，而对自己却是一味地用冷面孔来强调学习和成绩，很少有赞扬和鼓励，相反都是打压和控制，女孩感受不到父母的关爱，在疫情居家学习的特殊时期，女孩把积压的情绪全都发泄了出来，所以就出现了这样的状态。随后，我调整好自己的心态拨通了家长的电话进一步了解情况。

事实确实如我所料，在耐心听完家长的倾诉后，我提供了一定的建议："真的能体会到您对孩子的关心。对于现阶段的孩子来说，出现各种问题都是很正常的，像情绪比较激动，比较激烈，都是正常现象，所以咱们家长一定要先稳住了。还有，咱们一定要多多鼓励孩子、表扬孩子。在网课期间，没有了同学之间的互动，取而代之的是冷冰冰的电脑，孩子本来就是要适应这个新模式的，并且这样学习相对枯燥，及时给孩子一定的认可，也是孩子前进的动力呀。"在和家长沟通交流后，家长也发现了自己的问题，接受了我的建议。

安抚好家长，我也找到了这个女生。我首先故作随意地问了问女生最近的状态，有没有什么事情愿意和老师分享的。女生依然表现得如在校时那么乖巧，只是避重就轻地说了说在家学习的状态不如在校学习，所以这次物理测试没有考好，其他还可以，没有什么问题。不过通过电话，我却感受到了她的慌张。既然学生自己提到了学习，我也顺势提出了对她的期待："在家学习，没有了老师和同学的互动，可能有些枯燥，不过你的作业一直以来都很认真，非常棒，可以看出你是一个对自己要求很高的孩子。老师相信你：尽管在家学习，肯定也是非常自律的。虽然这次物理测试有些失误，不过没关系的，一两次的成绩波动是很正常的，咱们看看到底是哪里出现问题了，只要把问题解决了就好，有任何问题可以随时联系我，老师期待你下次高分数的回归！"学生听后很是激动，第二天一早就把自己整理的错题发给了

我，我感到十分欣慰。在随后的日子里，我明显感受到了这名学生对学习和生活又重新燃起了热情。

俄国教育家乌申斯基说：“如果教育学期望从一切方面去教育学生，那么就必须首先也从一切方面了解学生。”我想如果教师能够把自己平移到学生中去，想学生所想，感学生所感，那么这样的教育也许更有意义。在我心中，每一个学生都是一朵花，每一朵花都有自己的名字。让每个名字都闪光，当一阵风吹过时，每一朵花都能幸福微笑，是我的教育追求。我想我会在这条路上一直努力下去！

遇见冰山下的美丽

王　越

心理学中的萨提亚流派，借用冰山的形象深入梳理了一个人行为背后的东西。就一个人而言，我们能看到的只是表面很少的一部分——行为，而更大一部分的内在世界却藏在更深层次，不为人所见，恰如冰山。在学校当中，有些“问题行为”之所以无法被理解，是因为我们没有看到这些行为背后，即“冰山”下面的内容，想要了解这些，需要我们带着好奇、开放的态度和学生深入的交谈。我的课堂上有个小方同学，是他让我看到了“问题行为”背后还有那么美丽的色彩。

“小方，站起来!”一个戴着眼镜、略显黑瘦的男生迷迷糊糊地站了起来，我已经记不清这是自己第几次在心理课堂上打断这个孩子睡觉了。小方同学无所谓的态度，让我非常不满，差点就要在课堂上跟他分辩个“是非黑白”。可我转念一想，小方今年初一，正是“自尊心爆棚”的年纪，他本该很在意别人对自己的看法，是什么让他甘愿成为同学和老师茶余饭后的谈资呢？想到这里，我决定找个时间好好和他谈一谈。

在饭后的午休时间，小方同学走进心理室，他显得很是不耐烦，双手插着兜，一脸不屑地坐到了我面前。即使心理室中只有我和他两

个人，他依然充满着戒备。我起身关上了门，顺便坐到了他的侧面。

“很高兴你能来，小方同学，我并不是要和你说学习的事情，而是觉得你可能需要帮助，在这里我并不想做你的老师，而是想做你的朋友。”我试图建立我们之间的信任关系。

“我很好，不需要帮助。”小方同学的回答很是生硬。

“嗯，我的意思并不是说你有问题，你能过来找我，证明其实你心里还是有期待的吧，不如你尝试着相信我一下，也许我真的能给你一些帮助。”

我们谈话就在这样的氛围下开始了。小方之所以总是迟到和睡觉是因为自己沉迷电子游戏，每天都要玩到很晚。小方告诉我，他自己在苦练游戏中的技术，想当游戏主播，因为这样可以挣钱，帮助家里。他的家庭有些困难，母亲生病无法工作，一家的重担全都压在了父亲身上，家里还有一个刚满三岁的弟弟。我意识到这虽然是小方给自己打游戏的一个理由，但另一方面也反映出他还是有心照顾家里的，是个懂事的孩子。当我问他是否有挣到钱的时候，小方用沉默告诉我，事情并没有他想象中的那么顺利。

小方还告诉我，他对自己很不满意，觉得自己的表现很差，没人喜欢自己。我知道对自己的否定是十分糟糕的体验，而且一个不喜欢自己的人也很难赢得别人的青睐和欣赏。所以我决定让小方同学尝试着接纳自己，把注意力放在自己的优点上。小方有个姑姑很疼他，他家里的电脑都是姑姑出钱买的，我想借助姑姑的喜欢来让小方看到自己的优点，尝试真正地接纳自己。

我让小方思考姑姑为什么喜欢他，小方一开始给出的答案都是外在的条件，例如，姑姑自己没有孩子，姑姑跟自己是亲戚等。为了让小方了解到“他自身本就值得姑姑喜欢”，而不仅是这些外在的客观条件，我开始用他喜欢的游戏的“可玩性”举例。小方意识到姑姑喜欢自己是因为自己的“优点”，可他仍然不明白自己身上有什么地方值得姑姑对自己这么好。

我意识到小方需要从理性的认识上升到感性的体验上，所以有意识地引导话题走向感受方面：

“听起来游戏很吸引你，我想知道，游戏能给你带来什么感觉呢?”为了增进了解，我打算问小方更深入的问题。

“尊重!”

小方在短暂的沉默之后给了我这样的答案，我看到他在说出这两个字的时候，泪水在眼眶里打转，两只眼睛憋得红红的。在接下来的交谈中我了解到，游戏中的世界给了小方现实世界中体验不到的尊重感。小方由于家境不好，很是自卑，总觉得周围的人看不起他，而游戏给了他更加“公平”的环境，他想用游戏挣到钱，让一直反对自己打游戏的爸爸妈妈尊重自己，也让周围的人更加“看得起”自己。

这时候我突然觉得眼前并不是那个早上迟到、上课迟到的“坏学生”小方，而是一个充满倔强、善良懂事、努力抗争的少年。当我将自己的感受反馈给小方的时候，他的眼泪再也止不住地流淌了出来。在这眼泪当中，我感受到了小方与自己“和解”的开始，也就是说他看到了自己身上宝贵的东西，并开始尝试接纳它。

这次谈话之后，我发现课堂上的小方渐渐有了改变，迟到和昏昏欲睡的情况少了很多，与同学交往中也流露出了更多的自信，能够融入团体，有了要好的朋友，脸上也出现了更多的笑容。尝试接纳自己的小方同学，靠自己的努力，在现实生活中获得了更多的尊重。

小方同学的变化也鼓舞了我，让我认识到“问题行为”仅仅是最浅显的表象，不能依照它们做出判断，当我们用心去感受、去交流的时候，才能了解到每一座冰山下面蕴含的巨大能量，看到每个人最美丽的真挚情感。

永远的遗憾

崔旭东

不知不觉我已从教8年，其中担任班主任5年，完整送走两拨学生。蓦然回首，前三年懵懵懂懂，只知埋头苦干；近5年战战兢兢，忙于斗智斗勇。现在静下心来思考这8年来的点点滴滴，或欢欣，或颓丧，随着时间的流逝，大多已渐渐模糊！但有一件事，始终让我难以释怀，每每想起，心中就会涌上一丝遗憾，不知道她是否受到了伤害！要是我能保持沉默该多好！

那是我第一次当班主任，他们是我人生中带的第一拨学生。记得入学教育时的一次大会，台上领导讲话，其间小刘与她两旁的同学在下面说话，我就把她叫到了礼堂外面。没想到还没说几句，她就哭了起来。这突如其来的状况让我措手不及，不知如何是好。我只好赶紧安慰，草草结束了谈话。我隐约感觉到她应该是一个很敏感的孩子！

后来，跟家长沟通，我了解到小刘在小学很优秀，一直是班长。我也就没多想，加上有了前边的“意外”相识，出于鼓励和培养的目的，就让她继续担任新班级的班长。前几星期，班里一切都很平稳！

转眼间到了一年一度的运动会，小刘因为踩踏×班的凳子，和×班的男同学起了争执，其间，小刘动手扇了该男同学一耳光！后经学校和双方父母的沟通，学校给了她一个普通处分。而我，出于避免她再受二次伤害的考量，在班里并没有进行相应的处理，她仍然是班长。

起初，我并没有发现什么异样。但后来，我能感觉到，我竭力呵护的这个班长，似乎许多事情都在和我对着干。在上我的课时，我要求大家坐姿端正，她故意趴在桌子上。当我去提醒她坐正时，她当着全班同学爱答不理，拒绝听从！而据我了解，上其他课时她并不如此。这些举动，与之前的她简直判若两人！

我看在眼里，急在心里！我多次找她聊，也曾经开诚布公地告诉她我的感觉，并一再给她说对老师有什么不满可以直说，课堂上采取的对抗，最终只能是耽误自己的学业！但效果并不明显，甚至还有反面效果！曾经有一次，课上她依然显得很消极，下课后我跟她聊了很长时间，甚至占用了上课时间。没想到，她回去告诉了父母，父母以随意占用学生上课时间为由投诉到学校！当我知道自己的努力得到的是这样的结果时，真有“我本将心向明月，奈何明月照沟渠”的悲凉之感！当然，我并没有因此而放弃！为此，我也向多位有经验的班主任请教，也曾尝试过多种方法，可惜并没有明显的效果！

有一次，我正在语文办公室门口和年级组长讨论班里存在的一些问题，小刘同学由此经过，她认为是在说她的事情，就插了句话，要进行解释，我当时随口就大声甩出一句：“没说你！”于是小刘一脸委屈地走开了。

后来，我改变了策略，不再过多关注小刘同学，启用了新的班长，再后来，由于初三没有所教科目的原因，我没有再担任班主任！换了新的班主任，我心里才有了些许踏实！后来，听同学们说她初三学习非常努力，但中考成绩并不理想，去了一所普通的学校。

现在，回过头来审视整个过程，我曾经努力化解小刘的成见，但很遗憾没有得到妥善解决，而这种成见在一定程度上影响了她！我最大的遗憾就是那天我说话的态度，如果我那天保持沉默，给她表达的机会，结果会怎样？

直到现在，我都在反思与小刘同学的相处。这是一个典型的因为沟通不畅而导致对立的例子！如果再遇到类似的事情，教师能进行更

专业的沟通，相信会有更好的结果！

有位教育学家曾经说过：“尽可能深入了解每个孩子的精神世界，是教师的首条金科玉律。”通过这个事例，我深深感到做好沟通，走进孩子的精神世界是多么重要。如果我们每一位教师能够多从精神上了解孩子、教化孩子，那么对孩子行为上的过错，我们也许会多一分理解，对孩子的迷惑行为我们也更有可能找准标本兼治的对策。唯有如此，我们的职业生涯才不留遗憾！

看　见

李大伟

“这个学生没法教了，”语文老师怒气冲冲地走进我的办公室，后面跟着耷拉着脑袋的张同学，“我讲一道题，分析了错误的原因，他不服气，我说大家没什么问题，你个人有疑问可以课后单独解决，他偏不听，非要我课上说明白，不停地吵……”语文老师气得涨红了脸，不停地向我讲述他课堂上的表现。

他在课堂上出现类似的情况已不是第一次，其他课的老师也和我抱怨，他不停地“唠叨”，爱抢话，做对了就炫耀，一旦有错误又非常地暴躁，摔笔、揉试卷。老师们和他做了很多次的沟通，他每次都情绪很激动，需要反复耐心聊后才能认识问题，但坚持不了几节课就又变回老样子了。他的情况我是了解的：父母离异，重组家庭，父亲工作繁忙，经常出差，继母照顾他；每当需要和家长沟通时，也总是他的继母出面。

这一次，我决定请他的爸爸来学校。当我和张同学说了以后，他竟然号啕大哭起来，一再恳求我不要这样做。最终，我还是请来了他的爸爸，那是一个语速很快的男人，一看就是急脾气。他忙不迭地和老师道歉，说他工作忙，很少和孩子交流，他也曾和孩子沟通过课堂情况，但收效甚微，他露出无奈和失望的神情。与张同学的爸爸交谈

过程中，我也在思考：为什么张同学知道自己在课堂上的做法不合适，却总是通过这样的形式表现自己？张同学垂手站在父亲的身边，低眉顺眼，像极了幼时打破碗碟期待大人原谅的孩子，我一下子透过他的表情看到了什么。

这是一个渴望被“看见”的孩子，他通过炫耀、争吵争取被老师们和爸爸“看见”，他通过种种错误的方式引起他人的关注。明白了这一点，我就有意识地关注他。换了新发型、穿了新鞋子，我会在第一时间评说几句。时不时让他来给我帮忙：送复印的试题，去各科室上交资料……他喜欢这种感觉，会不时地问我有什么需要，我和他交流的机会一下子增多了。一次，他拿着自己写的一张纸条来给我看，纸条上竟然罗列了他找到的控制自己课堂说废话的方法。其间，我不断和孩子父亲沟通，他也尝试着增加和孩子相处的时间。一节科学课上，他一节课都用手捂着嘴，当任课老师向我描述他在课堂的样子时，我不禁笑了出来。他仍旧“小毛病”不断，但是频率变少了，和他沟通也变得容易了。

升入初二，他喜欢上了篮球。中午或者放学后，他常常在学校操场上打球，也爱在课间走动的时候不时做出跳跃投篮的姿势。一次体育课前，教室里特别吵闹，我走进去，他连哭带嚷恶狠狠地对我说：“老师，您别拦着我，我一定要把蒋××的桌子掀了，把她的书都扔了，我还要揍她一顿。”体育课就要上课了，我找学生代他请了假，空旷的教室只剩下我们两人，平复情绪后，他向我叙述了事件的经过。课间，他扯掉了蒋同学扎着头发的皮筋跑出了教室，于是蒋同学将他所有笔都拆成了“零件”。待他絮絮叨叨说完，我并没有说话。一阵沉默后，他又说：“我也不对，但我只是和她开玩笑，而且我也没把她的皮筋带走，我放到了门框上。她太可恶了，她完全是故意破坏。”我夸张地说：“如果她为了拿到皮筋在校园内披头散发满操场跑着追你，想象一下还是挺有画面感的。”他竟然不好意思地笑了，我问他：“把皮筋扔到了门框上，是不是为了戏弄个子不高的蒋同学？”这句话一下子说中了他的心思，他的脸腾地红了。课后，我顺利地解决了他们的矛盾。

青春期的孩子，在意自己的外貌是很正常的，张同学惊异于自己身高的变化，并总想向他人展示这种变化。在这个过程中，我要引导他正确认识这些变化。于是，我有意识地跟他聊差异，让他明白每个人都是独特的个体，有高有矮，有胖有瘦；聊尊重，让他懂得“己所不欲，勿施于人”。我还给他留了一份作业：利用你的身高优势可以为同学、为集体做什么？他是悟性很好的孩子，他开始主动帮助同学擦黑板的最高处，大扫除时承担清洁门框的任务，联欢会装饰教室时开始主动负责挂彩灯、贴拉花……

他升入了高中后，不时会告诉我一些他的情况：被选为化学课代表，月考考得不是很好……在第一个学期即将结束的时候，我无意间在学校公众号上看到校园“诞旦杯”比赛他入选决赛的新闻，微信祝贺了他，他发给我一个羞涩的表情符号，说他只是入选而已，并不是最后的获奖。他已不需要时时被“看见”，我也仅只需远远地望着他就好。

我们每个人是不是都像这个孩子，都在不断寻找被“看见”的感觉？为了得到老师的关注，而鼓起勇气举手回答问题；运动会上，只是听到班里的同学喊你的名字为你加油，就一下子有了拼命向前跑的力量；工作后，因为领导和同事对你工作的肯定，而愿意更加投入地去做事。

希望每一个人都被自己在意的人用慧眼“看见”，用慧心包容、接纳和肯定。

打开那扇门，我从感同身受开始

胡若欣

新时代快节奏的生活让学生们容易缺少关爱，网络时代让他们封闭自我，而选科走班的新形式让他们找不到归属感。在我们的学生面前仿佛有一道无形的门，门上写满了他们对未来的疑惑、迷茫与内心的胆怯，那么我们该如何帮助学生打开这扇门呢？

对于初入高中的学生们来说，他们最需要的是一个坚强的后盾——一个温暖的集体。只有让学生感受到充分的安全感与归属感，他们才会主动地打开门，邀请我们进去，与他们共同分享喜悦与悲伤。

我所带的班级是2020届8班，学生成绩不突出，多半缺乏自信，不善言辞，但他们个性纯朴，待人友善，愿意也懂得为集体奉献。我们的班训是“聚似一团火，散似满天星”。我们的班徽是一个由星星组成的8字形的火焰。聚似一团火，是班集体信念与力量的凝聚，代表着我们众心所向、勇往直前的决心；散似满天星，是每一个人梦想与个性的异彩，这种光芒得以让我们在选科走班的新形式下彼此照亮、相互鼓励。“共同参与，开放共享，相互促进”是我们的班级精神。

一个班集体是否能够维持如火的热情，取决于班主任自身是否能与学生共建这个集体。只有主动地成为班级的一分子，才能够得到学生的认可，才能够打开那扇门。如果我期望自己的学生成为善良、阳光、勤奋、好学的人，那么我就要反观自己是否已经具备这些优秀品质。面对陌生的未来，尚未成年的学生们还没有形成完整的价值观，他们在思考、摸索。此时他们最需要的，并不是命令和任务，而是一盏明灯、一个榜样。只有老师愿意做的事，学生才可能愿意做，身体力行是一种良好的教育方式。于是我坚持每天按时出现在教室，随手捡起教室的垃圾，礼貌对待每名学生，参加班级大扫除，做运动会的班级啦啦队员，与大家一起排练大合唱……

当然，对于一个班集体来说，只有班主任这一盏灯是不够的。在我参与学生活动的同时，也在充分地了解每一位学生，挖掘班级内的学生灯塔。灯塔可以是优秀的班级干部，还可以是篮球赛中奋勇拼搏的队员，也可以是研究性学习中的佼佼者。因此，我们班这样解释“散似满天星”：每个伙伴都在努力地、坚定地热爱着生活，由此对你的感染就是我们所说的光芒，像星一样。

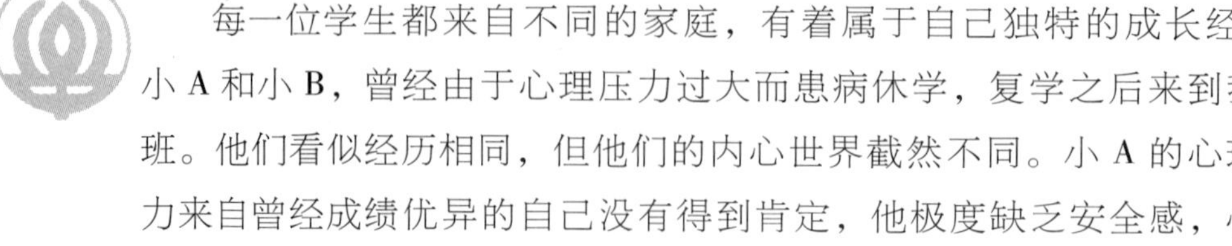

每一位学生都来自不同的家庭，有着属于自己独特的成长经历。小 A 和小 B，曾经由于心理压力过大而患病休学，复学之后来到我们班。他们看似经历相同，但他们的内心世界截然不同。小 A 的心理压力来自曾经成绩优异的自己没有得到肯定，他极度缺乏安全感，心智尚未成熟，在遭受打击后选择放弃了自己。而小 B 是心智很成熟的孩

子，有主见，但往往觉得旁人不够理解自己，在同龄人中找不到归属感，他愿意学习而且成绩优异，只是自尊心很强，不喜欢压抑的班级学习环境。因此，面对两个学生不同的情况，应对方式也有所不同，小 A 需要认可，需要温暖，而小 B 需要空间，需要理解。

小 A 本身就缺乏安全感，能够重新上学来到新的班级实属不易。我们快速集结了班中性格阳光的班级干部，帮助他融入集体。作为班主任，也适当地给予他特殊的关怀，表达对他的在乎和认可，鼓励他参与活动，主动与他分享生活、学习状态。最终小 A 在高二一学年中做到每天坚持到校，不排斥上学，并且逐渐开始主动学习。

而与小 B 同学的相处，首要的是获得他的认可。感同身受地给予其理解，把他看作一个独立的人，让他明白同龄人不能感受到的东西。这一点，稍年长的班主任可以做到，我快速取得了他的信任。对于上学和学习，尽可能地给予其空间，利用他学习成绩优异在班中树立良好形象，即便平日不能按时到校，也能够得到集体的理解。最终小 B 能够一直保持心情愉悦，成绩也稳定在年级前 40。

有时学生遇到困难不会主动表达出来，班主任也无法做到逐一沟通与交流。于是在一些重要的时间节点，如期中考试、期末考试前后，我通过调查问卷调查学生学习、心理困难，倾听学生的内心和需求，并且给出合理的建议。对于每一个学生来说，班主任的关怀所带来的价值都是巨大的。

青年教师拥有像火一样的青春与活力，拥有愿意时刻为每一个学生奉献的心，也愿意走进学生的世界、感受学生的需要。只有教师打开门，走进去，与学生真正地成为朋友，才能够让他们了解外面更广阔的世界。

高二8班期中个人总结分析

姓名：　　　　选科科目：物化地

1. 你对自己的学习成绩满意吗？你认为这次期中成绩在班中排 30 名。

2. 你将来想上什么样的学校？

A. 明确的学校：

B. 没有明确的学校，但我要上985　　C. 没有明确的学校，但我想上211

D. 没有明确的学校，但我能上一本　　E. 我想看高三成绩再确定学校

3. 分析自己期中考试成绩令你满意/不满意的地方及原因：

（各学科；已有进步；提升空间；知识掌握、解题熟练；努力程度、学习时间等）

4. 你是否经常主动找老师答疑？为什么？

A. 会　　B. 不会，因为：

5. 在考试前夕，你是否做到了放下手机，克制自己，全身心投入到复习？

A. 做到了　　B. 没做到

6. 半学期以来，除了打电话等基本联络需要，你每周使用手机和电脑的情况

A 不使用　　B 周一到周五不使用，周末才用

C. 周一到周五会用两三次　　D. 每天都要使用，不到1小时

E. 每天都要使用，1小时以上　　F. 经常管不住自己，上课也会看手机

7. 你觉得手机对你这半学期的成绩有怎样的影响？你打算怎么改善？

8. 高三越来越近，后半学期你有哪些规划和目标？

（具体学科；学习方法、学习习惯；成绩、名次；自我管理、时间规划等）

班主任签字：

我在你的故事里是什么样子？

李　茜

教师生涯中，遇到有个性的学生，是种必然。有个性的学生的表现也是多种多样的，那么作为教师如何与这些孩子融洽相处，挖掘其个性的闪光点，进而引导和陪伴其成长呢？这是个值得探索的问题。

小欧是个瘦瘦高高的初中男生，从初一教他起，就能感受到他的与众不同。很少见他笑，小小少年总是皱着眉头，对身边的人有着明显的冷淡，甚至会和同学、老师起冲突。通过家长和班主任了解到，他小学生活并不愉快，会受欺负，所以，上了初中，他想先发制人，先把自己设置为冷冷的人设。虽然他的学习成绩不很理想，但喜欢历史，也特别有思想。他还喜欢打游戏，还是线上游戏的领袖。基于这些信息，以及我对他的观察，我判断，受重视、平等对待，应该是他的优先需求。所以，在课堂上，涉及历史方面的问题，我会请他来讲，侃侃而谈的他整个人都在发光，同学们也仿佛看到了另一个他，我还会特别表扬他。课下，有些历史的细节，我会向他询问，他也会细细思考，甚至回家查资料后再告诉我。

逐渐，我感受到了他的接纳，学校里遇到，他远远地会和我打招呼。课堂上，他会积极参与，不再带着挑剔的情绪听讲。但是，我没有想到，我们会在课堂上发生一场激烈的争吵。那是初二的一节自习课，我的要求是，不出声，营造安静的复习环境，不做与学习无关的事情。要求看起来简单，但是对于初中学生来说，实属不易，所以，我要经常提醒，但班里还是会有悄悄说话的嗡嗡声，甚至借口借东西而在教室里走动的同学。这时，我注意到小欧戴着耳机摇头晃脑在听音乐，于是，走过去提醒他摘下耳机，他敷衍着摘下来。等我处理好其他学生的问题，再一抬头，小欧居然坐在窗台上戴着耳机听起了音乐。一股怒气冲涌上来，我走过去，当着全班同学的面，严厉地批评了他。他怔了一下，然后质问我："别人下座位，您怎么不管？为什么总盯着我？"之后还说了很多激烈的话，然后冲出了教室。我的眼泪也冲出眼眶，内心委屈极了，被失败感包围。我叫班长去找他，看他不要有危险，又让课代表去请班主任。我想我需要冷静一下，去哪儿冷静？解铃还须系铃人，我得去找小欧，只有这样才能彻底解决问题。在校园里找到了他们，懂事的班长安慰我："老师别伤心了，他就是这脾气。"班长走后，我坐在小欧身边，看到他的表情依然凝重，我平复一下情绪，问他："作为老师，我今天对你的批评，错了吗？"他没想到，我会这么快来找他，有些诧异，但情绪稍缓和地说："作为老师，是没错。但你们老师为什么都总是盯着我？我觉得所有老师都盯着我，我以为您会不一样，但您和其他老师都是一样的。"我说："老师都是一样的，违反纪律，都会管。还有，你说我没管别人，是冤枉我了吧。"他沉默。之后我们又聊了一会儿，具体内容我已不记得了，只记得我很坦诚地和他讲我的感受，交流的气氛逐渐缓和。后来，班主任和家长又和我沟通，并让他给我道歉。看起来这件事结束了，但在我的心里并没有释然，总会反思：为什么会有这次冲突？这样的冲突可以避免吗？直到我遇到小兰。

当时我做班主任，小兰是班里的一个粗线条的女生，心理年龄偏小，思想单纯，不太善于处理与同学间的关系，班里没有太多朋友，但她乐感好，擅长弹钢琴。班里活动，但凡和音乐沾边的，我都派给她组织，或让她参加，抓住一切机会让同学们感受到她在音乐方面的天赋和为班级做的贡献，渐渐大家能包容她、接受她了。

我们的冲突发生在初三。音乐老师要求大家分组排练歌曲，然后在音乐课上展示。初三紧张而压抑的学习生活中，有这样一件有趣的事情，很多学生都很投入，会用统一练习后的时间设计、排练。我也觉得很好，所以，如果我有时间，会在他们上音乐课时去旁听，为他们喝彩、鼓掌。孩子们都很高兴，精心排练的节目，希望得到更多人欣赏，尤其是班主任。每节音乐课，只能展示几组。小兰说下周才轮到他们组，兴奋地邀请我也来看他们组的展示，我想想就答应了。结果，因为有其他要办的事，我并没有在约定的时间去旁听音乐课。等下了音乐课，我去班里，发现小兰又在发脾气，把她叫到教室外，谁知，她一下红了眼眶，但还是一副耿耿于怀的样子，很生气很委屈地质问我为什么没去看她们组的展示，别的组都去看了，单不去她们组。烦琐的班主任事务，我已累了一天，还要接受她的质问，我也非常生气，但强压怒火，告诉她我没去成的原因，最后说了句："那不是我必须完成的工作!"于是转身走掉了。但我一直在想，这么处理对吗？第二天，小兰组的其他组员和我聊天，说他们组准备得特别认真，之前小兰组织大家排练很多次，要在音乐课上有最好的展示，昨天音乐老师都说她们组是最好的。听到这里，我一下子明白了她为什么那么生气，那么委屈。之后，我找音乐老师了解了我们班展示任务的完成情况，在班级事务总结时，鼓励大家认真参与音体美等课程，使初三的学习生活有张有弛，借机表扬了小兰组在音乐课上的表现，并且，表达了没能去成的遗憾和歉意。我能感受到小兰的释然，事情就这样过去了，孩子的心还是宽容的。

这之后，我突然想到了之前与小欧的冲突，我并不了解他心中对我的期待，我自以为很了解他，但在规矩、纪律面前，还是忽略了他的特点，方式方法太简单。面对个性强的孩子，我们怎么坚持原则，这就是教育的艺术。有个性的孩子，都是有故事的，在他们的故事中讲原则会更有效吧。教师在每个孩子心目中的角色是不同的，我在他们的故事中扮演什么角色，他们对我有怎样的期待，只有清楚这些问题，才能做到既坚持原则、正确引导，又能采取智慧的教育方式，真正呵护学生的个性，成就与众不同的他们。

你的眼中有揉碎的星光

刘　禾

和初一2班的孩子们一样，2014年9月，我们一起成为一零一中学的“新鲜人”。刚军训没几天，男生小航就引起了我的注意。他个子又瘦又小，嗓门又高又尖。入学培训期间，学校安排了各种讲座。讲座期间，小航总是热衷于玩手机，完全不在乎环境和气氛。多次提醒无效后，我要求他在讲座开始前把手机交给我，尽管会抱怨几句，但是他还是按时把手机主动交给我。

入学培训后没多久，班里开始组建班委会。我让孩子们自我推荐，每人写一封自荐信。小航没有交，课间的时候我问他，他却说：“老师，我写了你也不会让我当的，还不如不写。”我说：“那可不一定，即使不想当，也可以写一写不想当的理由。”第二天，他交来了一张纸条，上面写道：“我不想当班委，因为当了班委老师也会撤掉我。小学的时候我当过一个多月卫生委员，但是因为我犯了错误就把我给撤了，我再也不想当班委了。”

说实话，看到这张纸条，我是又好笑又心疼。好笑的是这孩子心地真是简单幼稚，但仔细一想，又觉得心疼。对一个孩子来说，当班委是他们珍贵的荣誉，当这份荣誉被取走时，给孩子造成的伤害也是无法弥补的。考虑再三，我决定给小航一个机会，让他再来当一回卫

生委员，希望能够帮助他重新找回信心。

正式上课后，他的纪律问题凸显，除了课间时不时听到他的尖叫，课堂上也是叫个不停。除此以外，我渐渐发现，他是一个非常敏感脆弱的孩子。这种敏感脆弱一方面表现为与老师的相处，一方面表现为与同学的相处。当因为上课纪律问题被老师点名提醒时，他立刻会紧张地脸红起来，但是嘴上却一口咬定自己没有说话。当因作业问题被老师叫来时，没等老师询问他理由，他就开始号啕大哭。他喜欢和同学开玩笑，但是却不分场合，所以经常玩闹着玩闹着就变成了吵架，甚至是打架。

针对他的纪律问题，我找他谈过无数次话，他每次答应得好好的，可就是难以实现自我控制。通过课上观察，我发现他接话茬最多的时候，恰恰是他听讲最为认真的时候，他说的话基本都是和老师讲的课有关。关键问题就在于不懂得控制自己说话的行为。为此，我专门和他做了一个约定：上课期间，我尽量不点他的名字，但是当他在不合时宜的时候说话，影响了课堂纪律时，我会用眼神提醒他，如果他会意，就在嘴边做一个拉上拉链的手势。如果多次眼神提醒无效，我会点名，一旦被点名，他就要在当周内完成两篇不少于600字的读书摘抄。这项规定实行以来，我和他在课堂上渐渐有了一种不必言说的默契。有的时候在他忍不住要开口时他好像突然被什么提醒了一样，悄无声息地在嘴边拉上了“拉链”。

对待卫生委员的工作，他非常用心，非常尽职。每天放学后，他都会留下来监督值日生值日，还经常帮值日生扫地、拖地，总是在所有值日生走了以后，关灯锁门背着大大的书包回家。除此以外，他认真安排卫生区值日生、大扫除值日生和日常值日生，尽量让每一个同学的早晚值日不冲突，提醒值日生值日，一点都不马虎。然而，通过和同学们的交流我发现，他在同学们的心目中威信并不高。同学们都认同他的负责和辛苦，却不能接受他处理问题的方式和方法。在和同学的相处过程中，他表现得非常幼稚、敏感和脆弱。

周五下午是我们班的班委会时间。在一次会议期间，小航没有经过班长的允许就起身去卫生间。纪律委员看到他无故退席，喊了他几声，结果他仍然自顾自往外走，见喊他无果，火爆的纪律委员就“哐当”一声把门关上并反锁，不允许小航进来。小航当时立刻开始砸门，并且号啕大哭，伴随着尖声喊叫。当我赶到现场，看到的是小航一个人哭着指责一群人。我把小航带到办公室，要求他先平复心情，止住眼泪再跟我谈，他却越哭越凶，说：“不想跟他们相处了，没有相处的必要了！”我弯下腰来和他眼睛平视，双手按住他的肩头让他看着我的眼睛，让他冷静下来以后再跟我说话。渐渐地，他的情绪冷静了些，开始抽泣着讲述整个事件的过程。我对小航说：“这件事老师觉得你是有错的，而且错的更多。”他的眼泪好像又要流出来，“你的错在于无视了会议纪律，是事情的起因，当然班长和纪律委员的处理方式也太粗暴了些，让你心里不舒服了，他们做的也有不合理的地方。但是首先，你要向他们道歉，这样才能让大家平心静气地分析问题，反思自己，对不对？”话说了很多，他最后点头答应了去道歉。事实上，我也能够感到，正是脆弱、敏感的自尊心，让他不想去面对自己犯下的错误，即使道歉了，心里也还是很难受。班委会开完以后，我让其他班委都赶紧离开了教室，这其中也包括几位当天的值日生。即使发生了这样不愉快的事情，小航还是一如既往留了下来，他一反往常兴奋的样子小心翼翼走过来跟我说：“老师，他们都走了，没人值日了。”我提出来说不如卫生就我们两个打扫，他毫不犹豫答应了，并且在我们分工完毕后，迅速地去涮拖布，喋喋不休的声音渐渐又响起来，每打扫完一排座位都会对我喊一声：“老师，这一排我都扫干净了！”有打完篮球回来收拾书包回家的同学不小心踩脏了擦好的地板，他不再像以前一样跑过去连声指责，而是在他们进门前提醒他们尽量靠边走，他们离开后，小航就跟在后面重新把地板擦干净。

打扫完毕后，我等他收拾好书包，跟他一起出了校门，巧的是我可以和他坐同一条地铁。路上，我能感觉得到他是拘谨的，都是我问一句他答一句。我并没有再提学校发生的事情，而是聊他的爱好。不过几站路的功夫，我知道了他之所以不吃鸡蛋是因为小时候吃腻了牛

奶蒸蛋，我更是知道了小航从小就学习古筝，手指都磨破了不知道多少个水泡。直到我下车，小航还意犹未尽，在我下车向他挥手告别时，他大声喊了一句：“老师再见！”这一声吸引了车厢内乘客们的视线，但是看着小航亮晶晶的眼睛，我似乎在里面看到了揉碎的星辰，一闪一闪闪着耀眼的光芒。自那以后，我经常“碰巧”和小航同时离开学校，他的话越来越多，甚至敢在路上让我等他片刻，他想去买两只甜筒来跟我一起吃。有的时候，不是只有我和他两个人了，渐渐在我的拉拢下，和他顺路的同学在值日的时候也会与他一同回家。

通过一个多学期和小航的相处，我懂得了两点：

一是尊重孩子，设身处地从孩子的角度考虑。对新手老师来说，很容易出现的问题就是用成人的标准去要求孩子，而忽略了孩子之所以是孩子，就是因为他们有着更大的成长空间，在成长的这段日子里，不可能没有缺点和问题。

二是根据每个孩子的个性特点思考解决问题的办法。当我们遇到问题的时候，一味批评和指责也许并不适用于所有人，反而对孩子是一种苛刻。然而这样的尊重并不是放纵，而是要在让孩子明白事情利害的基础上，针对孩子的个性化问题形成个性化的规章制度，循序渐进帮助孩子养成良好的行为习惯，解决问题。

作为一名新手教师，我和初一的孩子们一样是在面对全新的环境和全新的挑战，因此我们应并肩站在一起，一起去承担成长带来的烦恼，享受成长带来的快乐。

第二篇　心中有爱“传达”出来

心中有爱“传达”出来

陈德收

没有爱就没有教育，说明教育是一份爱的事业。

爱是一种情怀，作为教师，爱是教育事业的起点。心中有爱，才会眼中有人、言下有情、手下留意。

现实生活中有一个有趣的现象，好些年岁比较大的教师，热爱工作，在三尺讲台上激情昂扬，活力四射；在批作业时认认真真，勤勤恳恳，一丝不苟；谈起学生来，眉飞色舞，滔滔不绝……

这样的老师在我们身边有很多，年龄大的，比较年轻的，都有。

这就是一种教育情怀，说得具体一点，只有对学生充满了爱，才会对工作充满了敬，对职责和使命充满了畏。

记得一位年过半百的物理老师，在一次总结发言中说了一句话，让我特别感动，也让我终生难忘：“当老师的，上了一辈子物理课，临近退休了，突然对上课害怕起来，唯恐对不起学生。”

这是一位非常普通的老师，说出的话如同她的人一样，是那样的质朴，但却又是那样振聋发聩。如果她不是对教育、对学生、对教学充满爱、敬、畏的话，她说不出这样的话来。

我想，这就是情怀，对教育充满激情，对教学充满智慧，对孩子充满挚爱。

教育工作，需要每一位教师都能拥有这种情怀。

而且在日常生活、工作中要把这种爱、敬、畏表达出来、传达出来。

爱学生要大大方方。讲课时，对学生和颜悦色是一种爱的表达；改作业时，对学生严谨高标是一种爱的表达；聊天时，对学生嘘寒问暖是一种爱的表达；批评时，对学生换位思考是一种爱的表达……

爱工作要有节有度。备课时，对教材深挖细研是一种爱的传达；上课时，对学情了如指掌是一种爱的传达；辅导时，对问题一针见血是一种爱的传达；答疑时，对学生不愤不启是一种爱的传达……

爱教育要遵规守纪。树立正确的教育理念是一种对教育的爱；尊重规律是一种对教育的爱；依法施教时一种对教育的爱；运用科学的育人方式是一种对教育的爱……

教书育人，心中有爱、有敬、有畏。为师者应适时把这种爱、敬、畏传达出来。学生修身、进业、向学也应充满爱、敬、畏，并在适当的时机传达出来。

唯有师生双方均能做到如此，教育的春天才会真正到来。

面向未来的学生发展教育

——从一组算式谈起

陈　红

$$1.1^{30} \approx 17.45;\ 1^{30} = 1;\ 0.9^{30} \approx 0.04$$

这是一组简单的数学算式，从个体的角度来看，它们只是三个算式。但如果从整体的角度进行对比分析，底数分别是 1.1、1 和 0.9，在指数是 30 的情况下，输出的结果是 17.45、1 和 0.04，其中最大值是最小值的 436 倍，指数再增加的话，这个倍数会越来越高。如果把三个底数抽象成三种不同的做事态度和付出，最后结果就当是成败有别。

前进、停滞，还是后退，这是一个不用思考的问题，我们都不希望后退，只要每次都克服一丝倦怠，多一分努力，那么结果不言而喻。在平时的教学和班级管理中，我时刻提醒自己，在正确的事情上，要多做一点点，无论大小，最后都会收获满满。

一、多一点点关爱，会更加和谐融洽

《爱的教育》中有这样一段话："教育之没有情感，没有爱，如同池塘没有水一样，没有水，就不成其池塘，没有爱就没有教育。”教育是一门艺术，而且是一门非常特殊的艺术，因为教育对象是人，教育的有效方法之一就是关爱，即渗透着丰富情感的教育。自从踏上三尺讲台，我无时无刻不在自己的工作中诠释着这种理念。

我 2019 年 9 月开始接手新班，为了让学生尽快融入这个新的家庭，我组织开展了“集八方之水，汇天下英才”“家庭签字秀”等活动，使孩子们真切感受到了 6 班这个大家庭。每月举办的生日会，更是拉近了同学们之间的距离，大家坐在一起，观看小寿星的成长记录，一起送上生日祝福，一起分享生日蛋糕。一次在分享蛋糕的时候，我发现有个女孩沮丧地坐在角落，一询问才知她对蛋糕的成分过敏。后来班里举行生日会，都会为她准备一份特别的蛋糕。就是这一点一滴，让孩子们体会到关爱，体会到大家庭的温暖，更加热爱这个集体，彼此之间变得更加融洽，感情更加深厚。

巴特尔指出：“爱和信任是一种伟大而神奇的力量。教师载有爱和信任的眼光，哪怕是仅仅投向学生的一瞥，幼小的心灵也会感光显影，映出美丽的图像……”事实证明，教育的奇迹很多时候都是由爱心造就的。为人师者，要用真情、真心、真诚教育和影响学生，成为学生健康成长的指导者和引路人。

二、多一点点坚持，会走向更高更远

学校每年都会举办运动会、合唱比赛这样一些活动。对于班集体来说，这些活动都是增强凝聚力的契机；对学生个人来说，它们是培养毅力的好机会。

一次运动会报名，体育委员跟我说长跑和跳高两个项目没有人报名。可能是因为没有专门学过跳高而畏难，而长跑害怕坚持不下来，我觉得这是一个培养他们坚持不懈品质的好机会，于是在班里做了动员：一方面，跳高、长跑这两个项目，因为我们班缺乏训练，对我们来说是挑战，不要求成绩优秀，只要尽己所能就可以；另一方面，只

有项目报上才有可能得分，班集才有可能拿到更好名次。后来，我们班的长跑还取得了不错的成绩。

在合唱比赛中，我们班选择了挑战超高难度的四声部合唱。排练过程中，大家几度想要放弃，因为声部难度大，对处于变声期的男生来说难度更大，排练又占据了大量的时间，加上作业繁重，晚上都要奋战到半夜，白天还要辛苦练歌，但是最终还是坚持了下来。一天中午，一个男生累得闭着眼睛打盹，但是嘴里还在跟着大家练歌，让我特别感动。一个月的时间，有了孩子们每天一点点的坚持努力，合唱成果慢慢地呈现出来，甚至还练成了能整体上不换气的唱法，一气呵成，连绵不断。最后，我们班拿到了特等奖的好成绩。这次活动让大家感受到了 1 + 1 > 2 的集体的力量。

三、多一点点赞美，会更加自信优秀

美国心理学家特尔福德认为："驱使学生学习的基本动机有两种：一种是社会交往动机，表现为学生愿意为他喜欢的老师而努力学习，从而获得老师的称赞；另一种是荣誉动机，如追求别人对自己的尊敬，希望获得别人的肯定、赞扬等。"詹姆士精辟地指出："人类本质中最殷切的要求是渴望被肯定。"热情、向上的中学生更是如此。教师的赞美越多，学生就越能自信起来，学习的劲头就越足。

在平时的教学管理中，我发现班里有个学生处在"被遗忘的角落"，学业平平，不上进，不积极，得不到表扬或批评。偶然的一次机会，我发现他认真写的作业着实让人眼前一亮。我马上把作业拍照，在当天课堂上展示出来，并在班里表扬了他。受到这次表扬之后，他的各科作业都变好了。课下我了解到他有绘画功底，就把设计制作班级表扬栏的任务交给了他，他又一次带给了我们惊喜，版面布置得非常用心，还做了精致的描边和闪光涂色。渐渐地我发现他变了，上课特别认真，参加活动也积极了，作业完成得尤其好，学习成绩也有了很大的提高。这件事给我启示颇深，在工作中，我更加注重捕捉学生身上的每一个闪光点，及时把赞美送给每一个学生，使之发扬光大，使每个学生都感到“我能行”。

实践使我懂得，教师一句激励的话语、一个赞美的眼神、一个鼓励的手势，往往能带来意想不到的收获。一个受到赞美的孩子，他的全身心都会受到滋养，他会充满自信。赞美会让孩子们的生命得到绽放，这就是赞美的力量！

青少年是整个社会力量中最积极、最有生气的力量，是国家和民族的希望和未来。在与学生的日常相处中，我会教他们多一点点宽容，让人际更和谐；在知识的学习上，教他们多一点点求真，让理解更加透彻；在前进的道路上，教他们多一点点拼搏，让成功更近一步。积以跬步，至以千里。

我与他们的真情告白

王寅亮

《师说》云："师者，所以传道受业解惑也。"我想，在新时代，教师不应该仅停留在言传身教这个层面，而更多地应该用心来和孩子交流，用心去聆听孩子心中的声音。彼此的心贴近了，孩子就会和老师亲近，教育便会水到渠成，老师也会深刻感受到源自内心的真挚的幸福！付出真情，收获幸福花开。

一、点亮一盏灯，用光照亮学生

薇是科任老师们永恒的话题，自习课开小差、看漫画书、睡觉、摆弄头发……而她自己呢，因为成绩不好，自卑，不爱说话，独来独往，形影相吊。一次检测，我在班级监考，薇早早就答完了试卷，拿着涂卡的2B铅笔在答题纸的背面描描画画。我慢慢地走近她，她下意识地将这张纸收了下去，慌乱中还将一张废纸掉在了地上。我捡了起来，展开一看，心想："这是非常有名的《火影忍者》里的人物，像极了，简直是惟妙惟肖！""是你描的吗？"我轻声地问。"不，不，老师，是我自己画的。"她低着头说。我沉思了一会，先让她停下画笔，将注意力转移到试卷中，认真检查。下课后，我将她约到我的办公室。

起初，薇的眼神里透露着焦虑、惶恐与不安。我首先和她说：“老师没有责备你的意思，恰恰相反，我觉得你很有绘画天赋，我的外甥特别喜欢《火影忍者》，你可以再画几幅送给我吗？”同时，我又补充一句：“平常练习咱以后不能开小差了哦！”她听到以后，眼睛明显亮了，马上对我说：“老师，没问题，我原以为下午测试做与答卷无关的事情违反了纪律，会受到惩罚，没想到您和我谈这个，您放心，没问题，我保证圆满完成！”我从她的眼神和语气中看到了希望与方向。此后，我也和她妈妈通了电话，并得知孩子准备参加艺考。于是，我和薇达成了一项协议，以后每节自习课，不能再开小差、睡觉，但作业完成以后，可以完成两幅绘画作品。这是我和她的小秘密，课后我会检查，而且这些作品要当作期末评优评奖的素材。果不其然，薇真的改变了，每节自习课她都有的做，下课后总是兴冲冲地将作品拿给我看，我也像欣赏艺术奇珍一样一一给她评价。从那以后，我鼓励薇担任班级的宣传委员，班上只要有板报、教室布置一类的事情全然不用我操心。她有天赋，有才华，班级布置得既温暖又富有人文气息！两年后的高考，她考入中央财经大学视觉传达与设计专业，圆了心中的梦！我清晰地记得那天薇兴致勃勃地打电话告诉我录取结果时的第一句话：“亮亮，你还记得那次我测试时候画画的事吗？”……

二、推开一扇窗，用爱温暖学生

心理学家弗洛姆认为：“爱是人的一种主动能力，一种突破把人和其他同伴分离的能力，一种使人和他人相联合的能力；爱使人克服了孤独和分离的感觉，但它允许成为自己，允许保持自己的完整性。”

辉是调皮学生的典型，坐不住，课堂上接话，经常做一些离经叛道的事情。通过和辉的不断接触，我觉得辉善良、豁达，只是行为方式比较简单。因为平日负面声音他听得太多了，所以我准备反其道而行之，多关注一些，情感上多靠近一些。记得一个周五放学时间，我查班级卫生，发现他的位置异常凌乱，试卷满地，还有随意放置的书

籍、倒在地上的书包，椅子也没有按照要求放好。我当时很生气，但生气不能解决问题的！我随即拍了一张照片，微信发给了他，让他说说此情此景的感觉。不一会，他回复我说，没有回家，而是在操场打篮球，已经回到了教室。我没有就班级物品摆放与卫生方面的问题责备他，而是询问为什么这么晚还没有回家。辉回复我："不想回家，因为我家……"我当时默默无语！因为之前和家长的接触中，我得知，他父母离异，和父亲住，新组建的家庭中又新添了一个小弟弟，家里的温暖和爱差不多全完美地绕开了他……他的初中阶段几乎是伴随着批评与指责度过的，他将自己定位在这种角色，干脆将错就错，破罐子破摔，因此开学初他的行为总会离经叛道。同时，我也深深理解为什么每次我找他谈话时，他都会本能地开启防御模式。因为在他看来，老师都针对他，或者从另外一个角度来看，也许只有这种表现，才会有人更多地关注到他吧！那天晚上，我没有批评他，天黑了，我给辉带去了一杯热奶茶，还有两块巧克力，当我把东西放在他桌上的一刹那，他特别不好意思，闷声闷气地说了一句："谢谢！"我知道辉此时的心情！我们俩聊了许多，辉虽然调皮，自我约束能力不强，但是懂情懂理，这正是我喜欢他的地方。

每次辉犯小脾气的时候，我都会告诉他平复、平复，然后再与他慢慢沟通。从那以后，辉非常规矩，而且我和他交流时，他能够用平和的眼神看着我，每次表扬后，都能看到他暗自高兴。我也及时将这些变化和他的父母转达，在分享喜悦的同时，也让家长意识到孩子的成长是需要爱与关怀的，鼓励家长一起助力孩子的成长！

三、打开一扇门，用情感染学生

心理学家米尔提出了"储爱槽"的理论。他用心形的"储爱槽"来解释人对爱的渴望。"储爱槽"是储存爱的地方，爱就像是槽里的水。当我们把爱意传达给学生的时候，不仅会为孩子们的"储爱槽"蓄水，更能够体会到孩子传递给我们的爱！

教师对待学生要宽中有严、严中有宽，宽严结合、宽严有度。同时教师对学生的爱应是理智化的、有原则的，应是严格要求与宽松对待相统一的。如果一味宽松，无原则地放纵学生，只能使学生蛮横自大、混淆是非，对学生品质的形成有害无益。严师出高徒，只有对学生严格要求与关怀引导相结合，才能使学生健康成长。

坤儿是班级的语文课代表，这孩子特别有才华，写得一手好字，而且特别善于写作，他的文章非常富有感染力。他为人亲和，做事干脆，很懂得“闭环”。但是，坤儿有个弱点，就是轻微口吃。据他自己说，当心情放松时，可以朗读、表达非常完美，即便在不口吃的人当中，他也绝对是佼佼者。曾经让他给我朗诵过一次，仅有我们两个人在场，抑扬顿挫，情绪饱满，毫无口吃痕迹。但是，当着全体同学的面，他就会非常紧张，怕老师叫到自己……他为此非常苦恼，这个弱点已经成了他的心理负担，钳制了他的思维，阻碍了他的成长！坤儿对我说，一直以来，仅仅靠心理辅导与暗示，不起作用，人多的场合还是会紧张。为此，我查阅了一些资料，有口吃的人往往特别在意别人知道这个弱点，千方百计地掩饰，结果，越掩饰越紧张，越紧张越口吃，俨然一个恶性循环！所以，我想了一个办法：转移坤儿的注意力！为此，我在班级举行了一次朗诵活动，坤儿是我此次活动重点关注的对象。起初，在得知自己所在小组晋级以后，坤儿马上找我意欲推脱。经我再三鼓励，才怯怯地答应试试。我和坤儿约定，当自己现场觉得有紧张情绪的时候可以随时告诉我，不会因此影响小组成绩。在活动中，我和班级的其他同学一起制造轻松氛围，目的是让坤儿放松下来，同时密切关注坤儿的情绪变化。当愉悦的氛围浸润班级的时候，我看到坤儿明显放松了许多。当坤儿上场的时候，我随即说了一句：“一会公布统练成绩，坤儿朗诵完留一下。”坤儿先是愣了一下，随即开始朗诵，抑扬顿挫，起承转合，毫无口吃迹象。全班报以热烈掌声！我随后大力表扬了他。他似乎也察觉到了其中缘由，高兴地和我说：“感谢老师帮我制造了愉悦的氛围；感谢老师转移了我的注意力……”后来的高考中，坤儿报考了师范院校，如今，正在国外就读教育心理

学专业研究生。

我敬佩苏格拉底，因为他对学生的教诲从不是用直白的语言，而是用实际行动唤起孩子们心灵的共鸣。我们应走进学生的内心世界，以坚定的信任与执着的耐心点燃学生自信的火种，使之熊熊燃烧。如果我们用心去播种、用爱去浇灌、用情去呵护，我们定会收获幸福的硕果！让光照亮孩子们，让爱温暖孩子们，让情感染孩子们，让孩子们的心灵绽放美丽的花朵，也许这就是我们为人师者的幸福源泉吧！

用心发现　让爱随行

郭金宁

时光荏苒，转眼间我已从教十五年了，每天与可爱善良的孩子们朝夕相处使我的人生充实而幸福。我一直努力实践着，希望我的陪伴能够在学业上使学生有满满的成就感，在生活中有甜甜的幸福感。

正所谓“亲其师，信其道”，一名教师要想所有的学生都对自己敬爱与信任，使每位学生都能得到平等的关注，就得主动去亲近每一个学生，用心发现他们的优点、缺点，用充满爱的言语、眼神、行动去照亮他们的精神世界。

2015 年，我担任了一个新班的班主任。开学第一天，有一名同学迟到了，没想到我刚盘问他几句迟到原因，他就不耐烦地大声嚷起来：“我知道了，别说了，我明天肯定不迟到了。”全班同学都抬头诧异地看着他，也偷偷审视着我，我立刻意识到我面前的这位同学可能是一位脾气暴躁、自尊心极强的男孩，我没有再和他说什么，点头表示相信他，让他回到了座位。他紧张的神情放松了些，眼神也变得柔和许多。在军训的日子里，他训练积极刻苦，多才多艺，表现很突出。但他敏感、脆弱、暴躁的性格也逐步暴露出来，与同学和教官产生了不少摩擦。我一边表示对他突出才艺的欣赏，一边不断调和他与其他同学、教官的矛盾，让他能够理解别人的好意，接受别人善意的帮助和

包容别人的缺点。虽然并不是每次谈话都那么顺利，但作用还是有的。军训算是圆满结束了，但真正的暴风雨在正式开学后。他暴躁，自尊心强，恃才放旷，在班里没有朋友，甚至和同学都没有太多交流。我向班里同学侧面了解情况后，特意将几位性格随和的同学安排在他的周围，并积极鼓励其他同学多和他交往，不要孤立他，同时告诉班干部，如果他和同学、老师闹脾气，一定第一时间通知我。虽然尽了最大努力，但还是难以避免地发生了一件又一件的冲突事件。他连续和几位老师发生激烈冲突，我就像消防员一样到处救火，和每位老师沟通，平息他们的怒火，介绍他的情况，找他的闪光点和问题出现的原因。有一次他和年级组长歇斯底里对抗，情绪激动，甚至要从窗户跳下去。我赶到后把他拉到了实验室，他情绪依然激动，泪流满面，道理已经讲不通了，他也听不进去，只是愤怒地说“大不了退学”之类的话。面对眼前这个“疯狂”的孩子，我不知他以前到底经历过什么，他像刺猬一样竖着尖刺防御着，我默默看着他，像一位母亲看着自己孩子一样，心疼地流下了眼泪。我知道他很孝顺，待他稍稍平复后，轻轻地说：“你妈妈看见你这样，她多伤心，能承受得住吗？这么好的学校，你付出了多大的努力才考进来，怎么能这么不珍惜呢！”他见我没有批评他的错误，而是站在妈妈的角度心疼他，他不再歇斯底里反抗了，冷静了下来，不断地说：“老师，您别伤心了。”我们就这样泪流满面，四目相对，但他真的体会到了我的真心。从此以后，无论怎样他都不会在我面前发脾气，看我着急了就赶快说：“老师，我知道我错了，您千万别生气啊，千万别生气啊！”我从他的父母那里了解了他的小学和初中生活，原来他小学由于转学受到孤立，性格变得敏感，充满敌意，初中因为成绩好，和老师、同学处处敌对，学校和老师也没有办法，一直忍耐到毕业，所以他从不控制自己的情绪，几年下来一发不可收拾。现在要改变他也不是一朝一夕的事啊，我就这样一边和他在原则问题上不断“较劲”，一边努力改变着他的行事方式，调节他的不良情绪。三年中未曾放弃，未曾嫌弃。虽然每天如履薄冰，但也有着小小进步后的喜悦。三年后，他顺利参加了高考，考上了不错的大学，他也改变了很多，笑容自信阳光。每年教师节我都会收到他精心挑选的鲜花。每当在微信朋友圈看到他成熟进步的点滴消息，我都会开心好几天。

教师的一言一行都会影响学生的成长，甚至命运，让我们用心发现、让爱随行，为身边的学生们营造爱的港湾吧。

真心　真情　真理

——记初三年级范同学的二三事

高瑞娜

在做班主任的过程中，有时候会遇到特别棘手的学生。这些学生的问题层出不穷，在平时的校园生活中不断上演着故事。他们的个人能量一个超过三个，无时无刻不需要老师的教育智慧和灵活面对。但是，再回首这些时刻，才发现正是这些孩子让我们的教育生活有了更多的滋味，促进了我们的专业成长，培养了我们教书育人的实践智慧。

刚接手一个新班，对于同学们都有点陌生，想逐渐进一步了解他们，但范同学迅速引起了我的注意。他个头中等偏上，比较胖，脸色特别白净，头发两边剃得低低的，中间高耸，有点不符合他的年龄。因为他的个子比我高，所以刚接班时，他会俯视我。每次当我跟他说完话的时候，他都会把右上角的眉毛挑起来，挑衅地问一句："是吗?"好像我说的所有事情都令他难以置信一样。他偏科严重，英语每次基本能拿满分，数学成绩每次只有十几分，其他学科中等左右。他想提高数学成绩，这是制约他发展的关键。他不止一次跟我谈，如果数学成绩及格了，他的排名就会前进 100 多名。但是所有的努力只停留在他的口头上，他的努力连续不会超过 3 天。下面就是我们交往过程中比较有趣又耐人寻味的一些故事。

一、争论

范同学喜欢英语，他的英语学科基本功扎实，每次考试几乎都拿满分，英语学习方面他在班里小有威信。我是他的英语老师。在讲解阅读理解时，他上课会和我公开叫板："你讲得不对，为什么要选这个？你是不是看完答案，就给我们讲要选这个？"我当时被他的话噎得气不打一处来，但是，想着我是老师，他是学生，其他同学都在听着，都想知道所以然。于是，就会按下自己的脾气，跟他说："你有想法，证明你在思考，非常好，如果你能说出你的见解，然后再把你不明白或者需要讨论的问题提出来，这样处理事情是不是会更好？"听完我的话，他沉默了，然后用挑衅的眼光斜斜地看着我。但是，从神态来看，他还是在认真地听着讲解。讲解完后，我对所有同学说："我们都知道，吾爱我师，但吾更爱真理。大家有质疑的精神非常好，遇到问题，我们一起讨论，一起寻找事实，这个过程特别好，但我们要注意讨论的方式和方法，就是你要有你的观点，以及持有这个观点的原因，在此基础上，我们展开对话和交流，而不是上来就要吵架或者激怒对方，我们要用一种建设性的方式来解决问题。"

遇到这种事情之所以这样处理，有下列原因：①老师不能听不得一点不同的声音，和而不同才是和谐。老师应该肯定学生敢于质疑、敢于表达自己的想法，师生共同努力追求真理，同时也要让学生明白质疑的方式方法。其实，教师就是学生成长的阶梯，我们的学生未来肯定比我们优秀，我们要做的工作就是让学生站在更高的肩膀上去眺望远方。②老师在进行班级授课时，不应该受个别同学的干扰而影响情绪，这是对其他同学的不公平。老师授课时饱满的情绪、认真的态度在某种程度上会潜移默化影响学生对这个学科的态度。我们都知道教师对学生的影响，身教大于言传。我们不能只是传授知识，更重要的是教给孩子面对问题的一种态度、一种解决问题的方法。这样他就

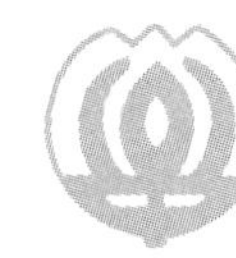

会具备一定的核心素养，在遇到问题时，会有正确的方式和方法来处理问题。因为，教育不仅仅是知识的传授，还有带领学生规范处事的行为、领悟生命的内涵……

二、跑步

由于长得比较胖，范同学最讨厌的事情就是跑步了。当我盯得比较紧时，他就会去操场，只要是去了，他就会认真地跑。虽然跑得比较慢，但他一定会跑，而且能坚持到最后。可以看出，他还是具备比较好的意志品质的。有一天，在跑步整队时，我发现队伍中没有他的身影，于是折回教室，发现他正坐在桌子上玩手机游戏。他看到我进来，稍微一紧张，接着继续低头玩游戏。我走到他跟前，没有说他玩游戏不对，也没有说不能坐在桌子上。只是很平和地问他："今天为什么没有上操?"他指了指自己的鞋子说："今天看天气预报，说是有雨，我今天穿了一双板鞋，跑步时脚会很不舒服。"我听了他的话，没有像往常那样，让他重新回到操场跑完相应的圈数，而是说："你今天就先别跑了，以后记得要和大家一起跑步。"说完我就去操场了，我边走边想："今天我没有惩罚他，也没有教育他，他做完这件错事没有任何后果，那他以后会不会经常以穿错鞋为借口不去跑步呢？只能拭目以待吧。"第二天中午，午休时我进班，边批改作业边和孩子们聊天。范同学和他的三个好朋友也在我的附近聊天、说笑。过了一会儿，他给我递过来一根棒棒糖，对我说："老师，给你吃这颗糖吧。"当时，我特别地惊讶，没想到他那么逆反的个性会在同伴都在的情况下突然给我递糖。我当时想可能是昨天的事情，让他读懂了老师对他的理解。从此以后的跑步他一次没有缺席。

从这件事情中，我感受到：作为教师，首先要理解孩子，遇到事情时要换位思考。例如学生迟到时，例如学生考不好时，我们要把自己放在孩子的位置想一想，如果我是他，我遇到了这些问题，我该怎么办。站在他的角度去想问题，去寻找解决问题的方法，而不是一味地强调这个错误或者这个后果是你造成的，我对你很不满意，先批评你一顿，表达一下我内心的不满，再要求你今后该怎样做。很多孩子，他之所以犯错误，他内心也不想，只是他只是个孩子，他的经验、他的成熟度，让他无法超越目前的阶段而不去犯错误。遇到这种情况，老师要理解他们，和孩子一起想办法去打败“问题”这个大怪兽，而不是把问题抛给孩子，让他看着办。教师在和学生的日常交流相处中，更多的是带领学生发现人性中更多的善良和美好，让学生能够意识到有很多成年人，像父母一样理解他、信任他，他就会对这个世界、这个社会多一份善意和信任。另外，教师是培养未成年人的专业工作者，所谓专业工作者，就是某种职业不同于其他职业的一些特定的劳动特点。教师最明显的职业特点就是能够关注学生的情感需要并分析出背后的原因，用自己的专业知识引领学生更好地成长。所以，老师对待学生的问题或者需求就像推开房门发现刚刚睡醒的孩子张开双臂颤颤巍巍地走来，会情不自禁地走向他，去关切他的需求，满足他的需要，这样会建立起彼此的信任。这是教师进行教育，能够对学生产生影响的关键。

三、小汽车

范同学非常喜欢玩具小汽车。每天他都会在桌子上摆上一两辆小汽车，一下课就和三个好朋友在后面的书包柜上玩小汽车。中午午休时，有的同学在做题，有的同学在午休。而他们几个大男孩在玩小汽车，比赛谁的车跑得远，谁的车转弯转得好，各种各样的玩法，玩的过程中还哈哈大笑。我既担心他们影响班里其他的同学，又担心耽误他们的学习。有一天，在他们笑得最酣畅的时候，我走向他们，跟他们说：“别玩了，既影响其他同学，又影响你们自己。”他当时说了一句：“老师，您说影响其他同学，我同意，我们以后会换个地方玩儿，但是，您说耽误我们的学习，我可不同意，我玩小汽车，我高兴，我快乐，我愉悦身心，这有什么不对吗？”当时，我愣住了，确实是这

样，他不想学习，但他在生活中有其他的乐趣，难道学生的生活中除了学习就不应该有其他的吗？我当时也陷入了迷惑。

初三毕业以后，范同学考上了职业交通学校，学习轨道交通。教师节回来看我时说："我非常喜欢这个专业，每天都能和车辆打交道，我准备以后学习设计车辆。"我也和他开玩笑说："看来你的小汽车没有白玩。"他听了哈哈大笑。他离开后，我陷入沉思。社会需要各种各样的建设人才，就像我们的大自然中，有大树，有绿草，还有鲜花。有些孩子就是栋梁之材，能够自主发展、自我管理得很好。有的孩子就是小草，在大地上生生不息，涵养水土，虽然平凡得叫不出名字，但也在为社会的进步做着自己的贡献。所以，老师要具备一种生态教育观，尊重孩子的天性，在此基础上引领学生发展，让大树和小草适性生长，自得其乐，各得其所。

玻璃心　水晶心

史　艺

青春年少者的心是什么做的呢？是玻璃，还是水晶？我想，无论是玻璃还是水晶，它们只要有一点阳光的照耀，就可以折射出万道瑰丽的光环。可它们又有着显著的不同，那就是玻璃做成的心在利器和打击面前即使不至于破碎也会布满擦伤的痕迹，而水晶做成的心却能坚韧地面对所有的磨砺，并越发地绽放生命的光彩。作为人类灵魂工程师的教师，面对一颗颗单纯质朴的心灵，能否独运匠心，雕琢出晶莹坚韧的水晶之心？

都是“幽默”惹的祸

信息时代海量的资讯丰富着我们的生活，也冲击着我们的生活。作为教师，我有些担心学生会过度追逐流量明星，从而在时尚的旋涡里迷失了朴实的自我，于是我们在班会上以“现代社会中什么类型的男（女）孩最可爱”为主题展开讨论。同学们兴致盎然、畅所欲言，总结出最受欢迎的男生类型特征：第一是幽默风趣；第二是有责任感；第三是有才华；第四是爱好运动。最后我表达了我的观点：在现代社会中，无论是男生还是女生，都可以追求时尚、张扬个性，男孩爱酷，

女孩爱美。但是，一个人的品格修养和道德情操永远是第一位的；追星可以，要去追钱学森、袁隆平这样为社会和国家付出卓越贡献的人，他们才是天空中最闪亮的星，在学习和生活中，我们应该学习他们自强不息、勇于拼搏的精神，做一个对国家和社会有用的人。

班会就这样过去了，没想到几天后的一个晚上我接到班上小鹏的电话，他说他在班上待不下去了，他觉得他正在失去所有的男生朋友，并且女生好像也都不喜欢他，他觉得生活没有意义。这一切的始作俑者就是前几天班会中提及的男生受欢迎的一个条件——“幽默”。而小鹏却是一个大家公认的不幽默的甚至是少年老成的男生。

心灵的告白

第二天放学后我约小鹏到学校的湖边，小鹏的脸上挂着淡淡的忧伤和颓废。他说自从那次班会以后，大家好像约好了似的不爱理睬他，经常去他家弹吉他的男生也不去了，爱和他聊天的后桌的女生也去找别人聊天了，他认为就是因为他不幽默、不风趣，总显得一本正经，大家才会疏远他，还有人说他“玩深沉”。已经一周多了，他压抑得要崩溃了，昨晚在北安河边上待了很久，想跳下去结束这种煎熬，可对父母、对生活还有太多无法割舍的依恋。我认真地聆听着他的倾诉，默默地感受着他心灵的伤痛。是的，小鹏有一种老成持重的外表，但他的心仍然是孩子的心，单纯、敏感、脆弱，他珍视友谊，可他却觉得友谊之花在凋零；他渴望受欢迎，可他发现他无法在众人面前挥洒谈笑、妙语连珠。特别是班会上有个男生半开玩笑地说：“21 世纪不幽默的人无法生存，因为幽默是智慧的象征。”这当然很夸张，但对小鹏来说却是个重磅炸弹。

他说完后，我先感谢他对我的信任，并且告诉他：“作为老师，我会帮你渡过难关；作为朋友，我愿意分担你的烦恼。”看着他充满信任的眼神，我指出他许许多多优点：有责任心、学习努力、集体荣誉感强、篮球打得好、吉他弹得好、电脑也很精通……并且这些优点已经足可以让他成为一个优秀的、受欢迎的男生。小鹏的脸上有一种半信半疑的神情，我知道他一定陷入了一张自己织就的网中不能自拔，他忽视了他的优点，却将“不幽默”这个并非缺点的特点无限放大。我告诉他，如果一个人连自己都鄙视、厌恶自己，那还能期待别人喜欢自己吗？在这个世界上有许多人比我们艰难和不幸，他们正在忍受着贫穷、疾病，甚至战争，我们面前这一点小小的问题根本不足以让我们自怜自艾，以至于让心灵蒙上灰尘，看不清真正的自我。天渐渐晚了，校园里的灯火一点点亮了，小鹏内心深处的激情也在一点点被点燃。

掌声响起来，我心更明白

过了几天，我再次找到小鹏，想听听他的想法。小鹏的确有所改变，他意识到自己的狭隘和偏执，只是还不知道怎样去把自己重新融入同学中。我告诉他：“其实你从未离开过集体，也从未遗失过友情，友情的花朵需要真诚来浇灌，我们凭什么总希望别人无尽地给予，而自己不去付出呢?”小鹏若有所思地说：“我有点儿明白了，我只要像过去一样就可以，改变对我态度的并不是别人，而是我自己。”在接下来的一次班会中，我特意表扬了小鹏，说他作为班级的劳动委员任劳任怨、不计得失地为班级服务，有时候同学忘记做值日或者做得不干净，都是他去提醒督促，如果找不到人他就默默地把值日做了，使得我们班多次获得“卫生标兵班”的称号。一个人做几件好事容易，但两年多每天都坚持这样认真负责，那他必定有着一颗高尚而坚韧的心灵。同学们用热烈的掌声向他表示感谢和敬意，我看到小鹏腼腆而开心地笑了。

很快，到了高三的成人仪式，我让同学们为晚上的篝火晚会准备节目，并悄悄地鼓励小鹏弹一曲吉他。晚会上，篝火像青春的激情一样熊熊地燃烧着，小鹏潇洒地抚弄着吉他，悠扬的乐声和歌声飘进每个人的心里：“青春的花开花谢让我疲惫却不后悔，四季的雨飞雪飞让

我心醉却不堪憔悴，淡淡的风、淡淡的雨、淡淡的年年岁岁……”晚风轻拂、星空灿烂，同学们挥动着美丽的荧光棒，汇成一片欢乐的海洋。在沸腾的掌声和赞叹中，小鹏露出了自信的笑脸。走下台来，小鹏问我唱得好不好，我说：“简直棒极了！”小鹏激动地说：“老师，您放心，我知道以后该怎么做。”

将相本无种，男儿当自强

转眼第一学期过去了，小鹏逐渐找回了自我，大家都投入到紧张的高考复习中。第一次高考模拟小鹏失利了，比平时的正常水平低了五十分。他主动来找我谈心，坦言自己潜意识中有一种自卑的情绪，因为班上许多同学的父母都是干部、高知，他的父母是普通的工人，他总觉得自己和别人有差距，所以他特别希望能考上理想的大学，证明自己的实力。可是这种想法没有成为动力，反而成为巨大的精神压力，导致他在考场上紧张、焦虑，甚至思维都要停滞了。我告诉他：“古希腊哲学家苏格拉底说过，‘在这个世界上能够震撼我的心灵的除了头上灿烂的星空，就是人们心中那崇高的道德法则’。我们没有权利去选择父母的贫富，他们已经给了我们最宝贵的东西——生命，我们自己就应当努力塑造一个高贵的灵魂，无论贫穷还是富有。看看咱们班上的周萍，来自远郊区县，家里还有两个弟弟，生活条件比你差多了，但她开朗乐观、品学兼优，老师同学都喜欢她。你说物质上的富有和精神上的富有哪一个更可贵？”接下来我帮他分析一模失利的原因：除了紧张，基础知识不扎实是很重要的原因，另外，还有答题技巧和考场上的时间分配都是至关重要的。我鼓励他振作精神、查找知识漏洞、建立平和的心态，在下一次模拟考试中再博一次。最后我送他一句话：“将相本无种，男儿当自强，用你的智慧和勇气去赢得世界。”

后　记

美国教育心理学家说："如果孩子生活在批评中，他便学会谴责；如果孩子生活在敌视中，他便学会好斗；如果孩子生活在恐惧中，他便学会忧心忡忡；如果孩子生活在鼓励中，他便学会自信；如果孩子生活在受欢迎的环境中，他便学会钟爱别人；如果孩子生活在友谊中，他便会觉得这个世界多么美好。"是的，阻碍孩子进步的因素往往并不是品德、智力、习惯，等等，而是那些常常被我们忽视的"心结"，它可能是家境贫寒的自卑、父母离异的伤痛、没有朋友的孤独、被人误解的委屈、成绩退步的彷徨、受人欺负的恐惧……在他们小小的心灵空间里，有着太多太多的喜怒哀乐和酸甜苦辣。幸好，小鹏把信任给了我，向我敞开了心扉，我才能和他一同度过他人生中最宝贵最重要的时光。

高考结束了，小鹏考进北京工业大学。再见面时，他比以前活泼开朗了，甚至有时还很幽默，他说他当了学生会干部、学习成绩名列前茅，还在社会上兼职以减轻家里的经济负担。他说高中时走过的那段心灵的弯路，对他的成长真是太重要了，他在慢慢修正一些自己的不足，也明白了自己想要什么样的生活。临走时，他送了我一个小画框，上面是用古老的东巴文字写的"爱"。我看着他那真诚坦率的笑容，仿佛看到了一颗洁净的水晶之心，也许它还不十分耀眼夺目，也许它还未经历更大的风雨，但它闪耀的光辉正击穿漫漫长夜，照向那灿烂的远方。

奔跑的少年

纪志杰

2018 年 6 月 23 日下午两点半，我接到了一个 2012—2015 年所带的初中班级学生驰晟打来的电话。在电话中，他用激动的声音说："纪老师，高考成绩出来了，我考清华应该没有问题了！"听到这个消息，顿时，我的眼睛湿润了，头脑里出现了几年前的一幕幕镜头。

我们学校的校园比较大，操场和教学楼的距离也比较远。上课间操的时候，学校要求学生在 6 分钟内站好队。因此，上午第二节课下课后，学生会在操场集合。绝大多数学生都能够按时到位，但也有一小部分学生并不着急，慢慢悠悠地往操场走，结果总是卡着点到操场，甚至会迟到。新学期开学后不久，一位男生的行为引起了大家的注意。每天第二节课刚下，他就像箭一样冲出教室，冲向操场，早早地在自己的位置上站好。课间操刚一结束，他又拼命地跑回教室。所以，他几乎每天都是第一个到操场的学生，也是第一个跑回教室的学生。这个学生就是驰晟！

我问他："你为什么要那样跑？"他回答："我就是处处都想拼尽全力！"我被感动了。一件事，一天两天做到可能是出于一种表现欲，而常年坚持做到就是一种可贵的精神。驰晟的行为源于自己的上进心，这种精神的力量是巨大的，也是具有感染力的。我以此作为契机在班级中做了表扬和宣传。很快，班里很多同学都加入了奔跑的行列，冲到操场，冲回教室，长此以往，乐此不疲。

每次运动会，驰晟都报名参加长跑比赛，而且成绩很好。到了初三，他甚至打破了一项校长跑纪录，我们班也取得了团体总分第一名。这一切，谁能说与他每天的奔跑没有关系呢？

带这届学生的三年中，我与每一位学生家长都做过交流。绝大多数的家长都会为自己孩子不够努力和逆反发愁。然而，驰晟的家长却是另外一种情况，他们也发愁，但愁的是孩子学习太努力，经常要学到凌晨才肯睡觉。家长担心孩子的身体受不了，但又不敢管得太多，所以就向我求助。一方面，我开导家长："孩子已经长大了。他有自己的梦想，要为梦想而拼搏，这是很多家长求之不得的。孩子已经把努力融入血液，酿成习惯，化作行为，他只有这样做才能够快乐！家长做好孩子的后勤保障工作就可以了。"另一方面，我建议学生："身体是革命的本钱！你要注意劳逸结合，在学习的同时，休息和锻炼都不能忽视。"

很多初中生都不会管理时间，该学的时候想玩，该玩的时候又放不下学。结果，学习没搞好，玩得也不痛快。但是，驰晟有一个特点，就是能够合理地规划时间。他有自己的时间表，几点学习，几点运动，几点读书，几点休息……都有相应的时间安排，更重要的是，他能够严格按照计划去执行。在一次班会上，我把驰晟的时间表给每位同学都发了一份，还让他给全班同学做了介绍。同学们面面相觑，赞叹不止。此后，班里很多同学也都开始了自己的时间管理。

初中三年，驰晟在学习上取得了飞跃，从入学时的默默无闻到初三时的名列前茅。2015 年，他以非常优异的成绩考上了本校高中，向自己的梦想又迈进了一步。

读到这里，如果你认为驰晟是个书呆子，那就大错特错了。因为，他还是我班的班长！这个班长能够把班级的事情当成自己的事情，处处为集体着想。在我的记忆中，我的那个班，不管是哪个方面表现不好，驰晟都很着急。

比如说，我一直要求班级下午放学后要回班进行总结。但有一次，学生在没有回班的情况下，竟然自发放学了。我很生气，就找班长驰晟质问原因。他没有任何辩解，只是认为是自己的工作没有做好，并且保证以后要做好班长的一切工作。

说实话，初一的学生，能够拥有如此的高度和责任心，怎能不令人佩服呢？果不其然，他在班级的威信越来越高，能力也越来越强。

驰晟上高中以后，我们见面机会不多。偶尔见面，我会鼓励他几句。在高三第一学期结束的时候，他遇到了一点儿困难。他的家长给我打来电话，希望我能和他谈一谈。我抽时间与驰晟谈了一个多小时，主要是倾听他讲述自己的困境，然后带他回忆自己初中时代的拼搏精神和辉煌成绩，再给他一些具体的建议。在谈话的最后，我在他的眼中看到了希望、勇气和信心。我认识的驰晟又回来了！

我虽然没有看到他后面的状态，但我坚信他一定会拼尽全力！

再然后，我就接到了文章开头提到的那个电话。他家长告诉我，他要把考上清华的消息作为送给我的礼物。当年 7 月，驰晟正式被清华大学录取。

作为老师，我很幸运，因为我见证了驰晟和很多学生经过努力拼搏而实现梦想的过程。这些学生的成功与老师并没有直接的关系，但是，我们老师除了教授知识，可以适时地去鼓励他们，为他们加油助威，也可以把他们的精神传播给其他学生，使这种正能量能够影响更多的人。我经常会向我的学生们讲述我以前的学生的故事，这些故事越来越多，也越来越长。

用心呵护，以爱滋养

欧阳亚亚

高一星火十二这个新生集体，在磨合中逐渐成长起来。大家一起经历了很多，一起出游的快乐、集体活动的拼搏、团结共进的决心……随着大家的相知相识，也伴随着一些压力的涌现，如课业方面、人际交往方面等。因此教师需要密切关注学生们的心理健康。当学生有不适应状态或焦虑情绪时，要采取针对性的策略，用爱心和耐心陪伴学生慢慢改善，缓解青春期问题。

通过观察和学生反馈，我发现班里有个女生焦虑情绪频繁出现，经常会找借口下午请假，而且身体状况也不太好，上午的出操经常因为身体不适待在班里。这个女生入学时各科基础不错，在班里也有自己的好朋友，但后来就慢慢喜欢独自活动了，各科成绩明显下滑，班级活动的参与度和热情感都不高。尤其是有段时间，数学作业开始不交，即使有时候作业交上来，质量也不过关。我找她聊过几次作业的事情，发现她比较回避这个问题，直接跟我说："上课听得明白，但作业回去后不会做，所以觉得没有劲头去好好学了。"于是，我跟她约定中午在办公室答疑，但进行了几次之后，发现她依然提不起兴趣，只是机械地完成老师布置的任务。在初步尝试之后，我开始反思，怎样才能走进这个学生的内心世界，怎样才可以找到问题的根源？用什么

样的方式方法可以让她能够接受帮助，走出困惑？

我跟年级组长沟通了一下情况，也请教了其他经验丰富的班主任，从以下几个方面进行了尝试和改变。

- 家长交流。

我跟该女生的家长沟通了几次，了解了她在家的状态。家长反映孩子在家里也情绪不太稳定，遇到难的学科就往后拖延，拖着拖着就不做了，发现可行之后就成了常态；后来家长开始督促作业，孩子就出现了逆反心理，家庭矛盾开始凸显；再之后家长也无可奈何，只好置之不管。

跟家长交流情况之后，我心里大致有了答案，同时边观察学生情况边与家长保持沟通，与家长在策略上达成共识，形成良性循环。在家里，家长营造轻松愉快的环境，避开激烈冲突，逐步要求，循循善诱，发现孩子的改变并给予即时鼓励；在学校，我课上课下多关注一下学生的状态，课后问问她的收获，并对她的收获进行积极评价，根据学生的学习关注点进行深入引导，激发她的求知欲。

- 同学了解。

我私下找了几个班里的学生进行询问。其中，几个跟该女生玩得比较好的同学反映，她确实有时候会突然放空，不知道在想什么，细问也问不清原因，并且她表达了不愿意参与班级活动的想法，觉得找不到自己的定位，也不知道怎样体现自己的价值。我也找了班里其他学生了解情况，发现大家多多少少会对她有种陌生的感觉，同学印象中她不太愿意多说话，集体工作或活动态度消极，比较扫兴，甚至个别情况下会有极端的言语导致彼此相处起来不太舒服。

于是我从两方面采取了行动，一方面是针对该女生的朋友，一方面是针对班里比较积极、活跃的学生。我跟该生在班里的朋友提出，希望她们能够多关注她的情绪变化，在集体活动时可以多陪伴她，帮助她克服一些消极心理，引导她多发声、多表达，减少情绪闭塞的倾向。我要求班里性格外向的学生，休闲聊天时拉她加入话题，帮助她拓展朋友圈，使其拥有即时倾诉的出口。

- 理解沟通。

基于前期的交流，我开始跟该女生进行面对面沟通。考虑到直入主题会使其产生戒备心理，我从她的兴趣点切入，让她可以放下警惕侃侃而谈。逐步地，我开始拓宽跟她的聊天话题，从兴趣到生活琐事，从日常习惯到烦心困扰。她也开始愿意跟我谈起对不同学科的看法、对自己的定位、对班级事情的见解等。我慢慢走进了她的内心，也切身体会到她的处境和烦恼。我和她达成共识，一起建立起一个个小目标，并逐个完成，也一起分享满满的成就感。

- 情境带入。

在各种班级活动开展之前，我会先在班里强调该活动的意义，与学生一起制定活动方案，并带头积极参与。同时，我会在活动中给予学生充分的施展空间和自由，让他们更多地体会到参与的乐趣，而不是机械地完成任务。活动进行中，我会在关键节点把控进度，并关注学生的反馈情况，帮助进行适当调整。我会带动该女生参与进来，鼓励她积极提出想法，并尝试实践，让她感受到自己在被关注和被支持，体会被集体需要的强烈代入感。

- 责任担当。

我在班级中施行全员班委制度，每个学生在班级事务中承担一定的责任，共同参与班级建设。我为该女生安排了值日检查员的职务，每天需要在校值日检查之前，班内自查。刚开始她的工作做得并不是很好，也没有得到班里同学的配合和认可。我与她进行了交流，并观察她做了几天卫生检查，一起商量如何更好地服务集体，也让大家能够认真配合工作。我引导她主动面对问题，思考解决方法，并尝试做出改变。随后，我告诉她也去听听身边人的建议，鼓励她在班里进行自我述职和提出要求。后期的执行就顺利多了，她也从中收获了同学们的信任，体会到了这其中的不易。

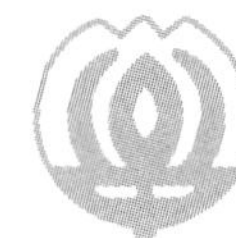

通过一段时间的继续关注，该女生确实在思想和行动上发生了一些改变。课上课下，都能看到她认真整理笔记、皱眉思考的模样；一次生日会上，她主动举手说自己切蛋糕技巧相当绝，并耐心为大家逐

一分好；她英语比较好，她会主动给同学们推荐好听的英文歌和口语练习材料。然而，并不能完全放松警惕，我还是会定期给该女生的父母打电话，跟其他学生聊天，保证其状态的稳定性，并酌情放手，让其独自经历，学会面对，慢慢构建自己强大的内心，培养健康独立的人格。

如何关注有特殊情绪的学生、引导学生摆脱消极心理，并不是一个陌生的话题，而这个话题需要根据对象的不同特点进行个性化解决。我结合自己所教学生的案例进行了一些思考，有以下几点总结：

首先，在理解的前提下创造平等的沟通，关注过程和原因，而不是问责结果。

其次，在与学生达成共识的基础上，逐步提出要求，在过程中及时引导。

再次，鼓励发声，提供实践机会，帮助学生看到自身价值。同时，给予信任、陪伴、支持。

最后，引导学生学会面对、独自承担，构建其强大内心。

综上，这是一个循环上升的过程，需要在不同的阶段结合学生的实际反馈进行调整；这也是一个并不简单的事情，需要老师端正心态，用心呵护，用爱滋养！

一个人的主题班会

石　宇

前几年，我为成就一个学生组织了一场主题班会。

那年，我接手了一个高中起始班，学校要求召开弘扬民族文化传统的主题班会并评奖，这是个严峻考验。

我班学生决定自主完成班会，他们提出用“简约、高贵、深邃”三个词概括我国优秀民族文化传统特质，用视频、小品、访谈等形式诠释他们的理解。我一听，心里一凉，姑且不说这三个词不能尽括我国民族文化传统特质，单是自拍DV，构思、选材、拍摄、剪辑、配乐和字幕等工作量巨大，技术繁难，无法想象他们能完成。我早领教过他们的眼高手低，很想全盘推翻，几次沟通无效后，我还是为了一个学生，帮助他们实施了这个先天不足的方案。

制作DV的工作由W同学负责。

W同学，一个黑黑胖胖的男孩。小眼睛，头发两寸来长，总是乱糟糟的，小小年纪竟然有高血压。W初二时谈恋爱荒废学业，被转到外地，学业一落千丈，抽烟、喝酒、打架……家长又把他转回来。来我班后，W经常上课睡觉，不完成作业，成绩很差，言行不是很得体，经常无意间把人鼻子气歪。从传统评价标准看，是典型的“双差生”。但据我观察，他天性不坏，主要是没找到合适的方法处理早恋以及异

地转学带来的问题，他有点迷失自己。我希望能够帮助他。

我注意到W喜欢研究计算机，力排众议安排他担任电教管理员，他很高兴。老师和同学遇到的计算机问题，他都能找出解决方案。很快，他就在我们班有了好名声——“电脑通”。

W对负责制作DV的工作非常自豪，终日忙碌。由于他平时说话“没谱儿”，我心里不踏实。可学生们说好了不让我操心，我当然不好频繁过问。对于W所负责的部分，我除了知道他要拍摄DV阐释三个概念外，几乎一无所知。我绷着劲儿，不插手，显示着对他们的充分信任，尤其是对W。W说，他要做的事反正说了我也不懂，叫我不要管了。班会临近了，W变得寡言少语，上课就睡觉，下课就开溜。我担心极了。偶尔忍不住问他放学去干什么，他就叽里咕噜说一堆让我半懂不懂的话，然后安慰我：“差不多了，……已经做好了，还差点儿……您放心，我想办法完成！”我能感受到W一直在紧张忙碌地做着琐碎而重要的事情。

主题班会时间越来越近，我心里越来越没底，但我依旧坚持让W全权负责DV摄制。我想好了，倘若能够让他尝到努力的甜头，让他能展露才华，我宁肯牺牲班会效果，无论成败我都认了。当然，我也仓促地准备了第二套方案，希望输得不太难看。

主题班会时间到了，第一个主要内容就是播放W的DV短片。片长十几分钟，全场鸦雀无声！我们看到了这样的画面：庄严的国歌声中五星红旗冉冉升起；汽车平稳地行驶在长安街上，经过新华门时，特写落在影壁上镌刻着的“为人民服务”五个大字，接着渐变出“高贵”二字。金色的大字，在庄严又温情的音乐的陪衬下，熠熠生辉，直击人心。当时在场的很多人热泪盈眶，W用国旗、用“为人民服务”的理念来阐释“高贵”的内涵，神来之笔啊！接下来的也都是美妙的享受——三国时刀光剑影、奔马枪炮和象棋对弈，一动一静，一个鲜红一个金黄，画面交叠，阐释了中华文化的博大精深，阐释了“深邃”的内涵……影片看完，灯光渐亮，会场经过了几秒钟的静寂，爆发出震耳欲聋的掌声。W成功了！我立刻把他带到会场中央，介绍给来参观的领导和老师们，让W享受“万众瞩目”的尊重、认可，甚至是崇拜。那一刻，W的小圆眼睛闪亮闪亮的，嘴巴裂开，露出一个憨憨的笑容，胖胖的手搓着衣角。

这次班会对W影响深远。班会之后，W受到校领导重视，在校领导和老师的帮助下创办了我校的校园电视台，任第一任台长，成了校园“小名人”。他从此“改头换面”，检点言行，学习有了进步，因为他内心有了原动力——作为“公众人物”，要为自己的“形象”负责。班会两年后，W考上哈尔滨工业大学，学航空拍摄和计算机成像技术，凭优秀的成绩获得“黑龙江省三好生”称号。W还创办了哈工大校园电视台。这一切都有那次班会的踪影啊。

W后来跟我说，当初他不会使用电脑剪辑制作视频，是我允许他完全按照他的构思来实施，他才下定决心一定要做到极致。班会前两个多星期，他天天下课就出去找素材拍片子，晚上回家上网查找资料，找需要的技术信息，从视频的截取、衔接、影音的配合、画面的交叠、播放速度……一切的一切都是现学的。从来都是困了就睡的他，那个阶段每天就睡两个半小时，这样连续干了近二十天！一个孩子不避艰难、百折不挠，千方百计实现既定目标、追求完美，这不正是我们希望的吗？

这次班会获得很多奖项，我认为最大的成就是启蒙和发掘了一个人才——W。因此，我说这是一个人的主题班会。

在我看来，一个人得到展示才华的机会并被认可和欣赏，会激发起向善之心和进取之心。尤其是像W那样，在传统评价体系下，很难获得正面评价的孩子，更需要为他创造展示才华的机会，更需要给他信任、支持和欣赏。

第三篇 教书育人 “育”字立先

教书育人“育”字立先

陈德收

教师的主要职责有两项：一是教书；二是育人。

教书和育人的关系不是先后关系，不是递进关系，而是互相融合、渗透的关系，教书中有育人，育人时能教书。

笔者以为，无论是教书还是育人，“育”字放在前面。

“教”和“育”是两个字，也是两码事。

“教”是象形字，“𢻮”，从“爻”从“子”从“攴”，言传，身教，上施，下效，时常手执鞭子、戒尺施教。

还有一种理解，就是要想让孩子孝敬长辈、长大成人，就需要手执戒尺，时常敲打。

“育”，本意是养子，使善，也是象形字，上为“母”及头上的装饰，下为倒着的“子”，有“生”“养”之意，皆需用心尽意为之，或哺育，或化育。

孩子成人，以德为本；孩子长大，长辈或教师化育为本；孩子良好的习惯养成和高尚品行的形成，离不开长者的哺育、抚育和化育。

洒扫庭除皆教育，言谈举止显人品。

在工作与生活中，有助于良好的人品形成才是关键。

美好的德行，不是孩子天生带来的，而是家长、老师用心教育、化育的结果。

孩子不可能纯凭自然而生长，就像花草树木一样，要想长得好，要想有模样，花工园丁少不了用心侍弄。

“有规矩，懂礼貌”，这是对孩子的第一要求。规矩是人定的，礼貌是训练出来的。谁是用规矩训练孩子的不二人选？当然首先是家长，其次是教师。

“会说话，善交往”这是第二要务。一样的话，几样说，只有一种最让人舒服。与人为善，低调做人，尊敬他人，阳光待人是一种能力，更是一种修养，其需要有人不断陶冶，谁是最佳人选？还是家长和老师。

“能做事，有本事”，这是第三个关键。社会上流行的“四行说”，即自己得行、有人说你行、说你行的人得行、身体得行，是有道理的，虽然有些市侩。

教师就是花工、园丁，天天面对着祖国的花草树木，要时刻想着是为国育才。这里的“育”字要立在心头，树在前面，有心“育”，用心“育”，精心“育”，像对待幼崽一样哺育，像对待幼子一样抚育，像对待懵童一样化育。

师生相处的艺术

朱　洁

如果要分享教育故事，作为入职刚两年的新教师，我的故事并不多，也不够夺目。但在这短短两年时间里，与学生的每一个故事都让我印象深刻。

2018 年，我从学校毕业，离开了一间教室，走进了另一间教室，但这次的角色变了。我从坐在讲台下的学生，变成了站在讲台上的教师。如今再回忆工作的第一年，“问题”绝对是我那一年里出现频率最高的词。“主任，我有一个问题”“组长，我有一个问题”“师傅，我有一个问题”，好像我的第一年就是在提问中过来的。每天都有新的烦恼、新的疑惑，每个疑惑下都要问出一连串问题，而其中问得最多的问题，就是作为老师的我，应该与学生建立什么样的师生关系。

在每个前辈给出的不同回答之前，我也有自己的设想。虽然初出茅庐的我没有什么工作经验，但无论是自己作为学生的体验，还是受影视剧中塑造的教师形象影响，我对教师形象的认识无外乎两种：不苟言笑近似于长辈的“保守派”，与学生打成一片的“开明派”。能与学生成为朋友，甚至“无话不谈”，差不多是每个新老师的“终极理想”。至于我，当然也不例外，从第一次站在讲台的那一刻起，我就暗下决心，一定要尽快成为他们的“知心大姐姐”，成为学生口中“别人家的老师”。

拉近距离的第一步当然是从了解对方的喜好开始。虽然与学生的年纪差距不大，但在这个信息大爆炸的时代，“三年一个代沟”真不是老一辈用来自嘲的玩笑话。想知道学生都对什么感兴趣，已过青春期多年的我又开始关注起了明星、流行音乐等青少年感兴趣的“快餐文化”。斗表情包、玩“梗”，放学值日的时候跟学生分享我对“练习生”“女团”的理解，这些努力确实为我积累了一众“粉丝”。我能感觉到自己和学生的距离越来越近，在他们面前的我不再是高高在上、不可接近的权威。那时我欣慰地以为，自己已经成功地融入他们的小天地了。

但在我第一次因为课上学生纪律不好，课堂教学几乎要进行不下去的时候，我又对自己看似聪明的策略产生了疑惑。还记得那是一个周三，上午第一节课，那节课的内容是学习如何描述他人的外貌特征。因此课前在跟学生交流的时候，我特意问了几位同学最近在看什么电视节目、喜欢什么明星。做过前期调查的我在制作幻灯片的时候也是用心良苦。我从网络上分别找来了两位影视明星的照片，一位是长发的迪丽热巴，另一位是短发的古力娜扎，打算以此来介绍长发和短发的表达方法。课前我信心满满，心想着学生对自己喜欢的明星感兴趣，枯燥的知识点结合活泼的形式，学习效果绝对加倍！但最后的课堂效果却让我“大吃一惊”。幻灯片刚闪出她们美丽的脸庞，本来沉闷的课堂立刻就被点燃了，但大家的关注点不在怎样用英语描述迪丽热巴那一头乌黑的长发，而是两派“粉丝”争论谁的偶像更漂亮！大家你一言我一语，越争论越起劲儿。我几次试图把学生的注意力拉回来，声音却被讲台下一浪高过一浪的辩论声淹没。讲台上有些无助的我开始后悔没有听从一位前辈作为“过来人”的苦口婆心：“新老师就要严肃点。”确实，年轻新老师被学生“欺负”的故事听过一些，心理不免发怵。为了达到镇住场面的效果，开学前一天，我甚至还在考虑第一节课穿什么样的衣服才能让自己看起来“老成一点”。但当我与学生之间的“距离”被不断拉近的那个时刻，我才发现无论怎样老成的装

扮，学生也不再“怕”我了。学生的思维少了边界，开始自由地在课堂上发表自己的“意见”。课堂变得越来越热闹，而我的角色却显得越来越不重要了。

为此，我打算悬崖勒马。我用很短的时间换上了一副“保守派”的面孔。渐渐地，我与学生之间的距离又出现了，而课上的欢声笑语少了。我完成了知识的传递，却极少收到学生的反馈。我树立了权威，却失去了一批“粉丝”。

在这两种略显极端的状态下徘徊一阵之后，我渐渐领悟了，教师与学生相处的状态其实是非常微妙的，关键就在于“度”的把握。走得近，会失去边界，让学生“自由过了火”；离得远，会把自己架在权威的高楼上，而听不到楼下的声音。师生相处，更应该是看似若即若离，实则形影不离。刚柔并济是方法，亦师亦友是理想的状态。但最终还是要捧着一颗真心走进另一颗心。继续在课下分享流行音乐的是我；因为学生学习态度不认真，苦口婆心跟其“聊人生”的也是我；时不时地跑个题，讲个段子的是我；排查不认真背诵课文的学生，并进行严厉批评教育的还是我。

2019 年的最后一周，临近元旦，我给班里的每个孩子写了一张贺卡，还“私人订制”了各种祝福语。可以说这是我企图融入群体的小心思，却得到了最让我感动的回应。一位学生在自己亲手制作的贺卡上这样写道：“您就像水，有时会结成冰，有时会发生海啸，但多数是波光粼粼，水光潋滟。”从学生的描述里，我似乎已经找到了师生关系的“度”。

他有独特的美

张 茜

走上讲台前，我曾经幻想着自己是一个“孩子王”，成为学生的良师益友，陪着他们发现更多生活中有趣的科学问题，在解答中得到思维上的成长。但是进入角色不久，我就慢慢地摆起了老师的谱，面对一些上课爱捣乱、作业完成得不好的“没规矩”的学生，我逐渐开始颐指气使起来，说起他们的问题滔滔不绝，觉得只有这样才算作苦口婆心的教育。然而，新官上任的我，却遇到了一个“熊孩子”，面对他课上随意发言的问题，差一点就要和他水火不容。但正是在几个回合的历练中，我慢慢意识到，每一个孩子都是独一无二的，他也有属于自己独特的美。

新学期不久，我就发现，学生在课上起哄时常常提到“熊大”——学生眼中活跃气氛的领袖，但在我看来，这位同学真的是一个名副其实的“熊孩子”。作为新老师的我，把控课堂节奏的技能本就没有修炼好，所以他提出来的和本节课无关的一些问题常常让我措手不及。“老师，蝗虫吃什么呢?”“老师，为什么蚂蚁之间要合作?”“老师，可不可以克隆人?”开始，我还采用温和战术说：“这个问题我们下课讨论。”但该学生并无收敛，愈发变本加历地提问，后来演变成课堂上随意搭话，我渐渐地有些生气，于是决定做一个有原则、有

脾气的老师，和他针锋相对。“闭嘴，你不要说话了！”“你不知道你这样很影响课堂秩序吗？” “你这样随意说话你让其他同学怎么看你？”……

直到有一天，他突然在课堂上不说话了。虽然其他同学也起哄他回答问题，但他的态度显然并不配合，总是默不作声。我突然意识到，我这样的说教或多或少地挽回了我的地位，但一定伤害了他的自尊心。

我怀着忐忑询问了他的班主任，班主任说：“这孩子其实是一个科学小达人，他小学参加了很多科技创客比赛，还得过奖呢，看孩子的朋友圈，他喜欢参观科技展、博物馆。”我恍然大悟：“哦，怪不得他那么喜欢问问题呢。那我错怪他了，我老觉得他是故意扰乱课堂秩序，可没少批评他，这几天他上课突然不说话了，好像是我批评过火了。”“对，这个孩子确实有一点点敏感，有时候说多了这孩子会往心里去，孩子表面上是个急脾气，有时候情绪来得很快，但其实特别听得进别人的话。慢慢和他聊天，提出要求，他是可以听进去的。”班主任说。听罢，我陷入了思考，学生喜欢自己的学科，是老师最开心的事。学生自控力还没有建立起来，这也不是什么十分严重的问题，为何我就平衡不了情绪，非要揪着这个问题在同学面前和他当面对峙呢？其实完全可以尝试着私底下慢慢和他沟通。这样直接的冲突直接关闭了他和我交流的通道，又有什么益处呢？

接下来，我改变了策略。我故作不经意地与他和几个同学在楼道里相遇，并对他说：“哎，最近上课表现很好了哦，真是听了我的话，不随意说话啦！”“熊大”果然是要和我作对的：“我才不是听了您的话，我那就是不想说话。”我听了以后，一脸遗憾地大声说：“哎呀，其实我还是挺怀念你的提问的，你提的问题都很好，我觉得其他同学都可以跟你学习学习，你的思维怎么那么快呢！”“熊大”听我当着很多同学的面夸他，暗暗得意起来，说：“我那就是一般发挥！”听到他又开始滔滔不绝，我情不自禁地笑了。我趁热打铁，跟他沟通了他存在的问题：“其实呀，提问是好的，但随意说话确实就不对了，要是你能上课管住自己一点点，那你可就厉害了。”其他同学也附和说：“他怎么可能做到不说废话呢？”“熊大”听了我和同学们的话以后，居然流露出些许认同和思考的神情。

我的课上，“熊大”比平时认真了许多，不仅没有说废话，还提出了好几个精彩的问题。在几个回合的表达与赞扬中，“熊大”成了课上最闪亮的那一颗星。在他的影响下，课堂上又出现了“熊二”“熊三”……在与“熊孩子”们的对话中，我越来越愿意倾听，越来越喜欢发现他们独特的美。

我常常想，何为“熊孩子”呢？其实他们的“熊”仅仅在于他们比别的孩子能力上更需要被发掘，情感更需要被关注。每一个生命都是具有温度的，因此我们要做的不是以一种结论、评价的方式去评判束缚他们，而是应该静下心来分析其原因。我们需要投入更多的关心、耐心和同理心来打通与学生之间交流的通道。我们多一分关心，学生身上的问题我们就能多发现一个；我们多一分耐心，学生就会多一分信任，愿意多跟我们倾诉一下心声；我们多一分同理心，学生就会觉得自己真的多了一个朋友，多了一个分享心事的人。教育就在这样充满人情味的心灵互动中展开了。

在教育的花园中，如果只把自己看作一个简单的园丁的话，那么往往我们会拿着剪刀按照我们的想法在专注修剪学生枝叶的同时，忽略他们的感受，甚至造成伤害。因此，老师要做一个喜欢观察的园丁，关注自己花园中的每一朵花的长势，不能一味按照自己的想法修剪，要学会欣赏花园中每朵花生长时独特的美。

有一种成长叫放手

王佳丽

2019 年，我成为高一 9 班的班主任，这是我入职以来第一次带班。之前，我特别羡慕那些能有自己“亲学生”的班主任老师，特别是到了运动会、联欢会的时候，看着各位班主任和自己的学生亲如一家、欢声笑语，独自坐在办公室里的我更是憧憬极了。

担任班主任的第一年，我在各方面工作上都没有经验，但我对自己、对班级都是高标准、严要求，努力做到尽善尽美。我觉得，班主任工作责任重大，要对学生成长的各个方面负责，是不能用来试错的，必须保证万无一失。为了尽可能做到完美，我对班级的每一项工作都付出了很大的心力，早读、课间操、午休、放学，都准时到岗，只要不上课，没事儿就往班里跑。值日安排好了吗？班级打扫干净了吗？班会怎么开，都设置哪些环节？他们能做好吗？……我绷紧每根神经。“别怕，我来”成了我的口头禅。然而，这种事无巨细的关注，甚至包办，很快就让我身心俱疲。看到其他班主任在工作中得心应手、游刃有余，我开始发愁，难道是我能力不行？

很快，一件更令我发愁的事情来了——“一・二九”合唱比赛要开始了。从小我就对音乐一窍不通，学生时代也从来没有参加过任何合唱活动，毫无经验可谈。在往届“一・二九”合唱中，有的班主任能够和学生同台演唱，有的甚至可以亲自全程指导，我这个“音痴”班主任可怎么办啊？

同学们对这次比赛都很积极，文艺委员早早就找到我商量选歌、排练：“老师，这首歌您听一下，适不适合咱们班？”“老师，咱们得抓紧给同学们分个声部。”“老师，咱们这个钢琴谱得重新修改一下。”“老师，其他班的老师都答应一起上台啦！您要不要和我们一起唱？”一个个问题围绕着我，我很着急，但又感到无能为力，只是觉得愧疚，同学们这么有热情，我这个班主任却什么忙都帮不上。这一次，我没有底气再跟他们说“别怕，我来”，只能说“别着急，我再研究一下”。

比赛不等人，随着时间的一天天流逝，我的焦虑与日俱增。正当我挣扎着妄图短期内迅速成为一名“音乐通”的时候，我发现，文艺委员已经组织大家选好了曲目，敲定了指挥、钢琴伴奏，负责伴奏的同学甚至还在音乐老师的指导下修改好了钢琴谱。当文艺委员再次找我汇报进度的时候，我突然感觉到，我是多么不了解班里的同学们啊，原来一个个平时看起来默默无闻的同学，都有着令人刮目相看的才华和能力。其实，我需要做的，仅仅是发现他们的才能，并且相信他们，为他们提供展示自己的机会和平台。

文艺委员问我：“老师，咱们下一步的训练怎么安排？”这一次，我说：“你们来定，大胆做，有我呢！”接下来，我将“一·二九”合唱比赛的组织和训练任务全权交给文艺委员负责，不再过多干预，主要在情感上给予他们支持与关注，尝试着完全放手让学生大胆实践，最大限度发挥他们的潜能。我终于明白，班级活动的过程比结果更加重要。然而，尽管不看重结果，结果却往往是令人惊喜的。每天的集体练习后，文艺委员都会从出勤、训练情况、进步与不足、改进建议等多个方面在班级群发布排练日志，极大地提高了大家的训练热情和专注度，也能够高效发现问题并解决问题。最终，虽然班主任五音不全，但在同学们的共同努力下，我们班获得了合唱比赛一等奖和最佳指挥的荣誉。

比赛结束后，我们还专门召开班会由学生自主进行活动总结，同学们精心为每一个认真参与比赛的伙伴设计特色奖状和颁奖词。总结活动围绕着学生的感受，由学生做主，存在不足的同学也会进行自我反思，结果比老师的说教更加有效。在这个过程中，班级的凝聚力也在不知不觉中加强，一切都自然而美好。

反　思

一个好的班级需要的不是一个无所不能的班主任，而是一群各有所长、有主见、有能力的学生。班主任不是大管家，而是学生成长的陪伴者和引路人。“别怕，我来”，可能并不会让学生的成长之路走得更顺，反而会成为他们成长的阻碍。真正有效的教育是自我教育，班主任工作不能用来试错，但学生是可以犯错的，在磕磕碰碰中前行也是成长的重要过程。9 班优秀的同学们让我这个爱操心的新手班主任

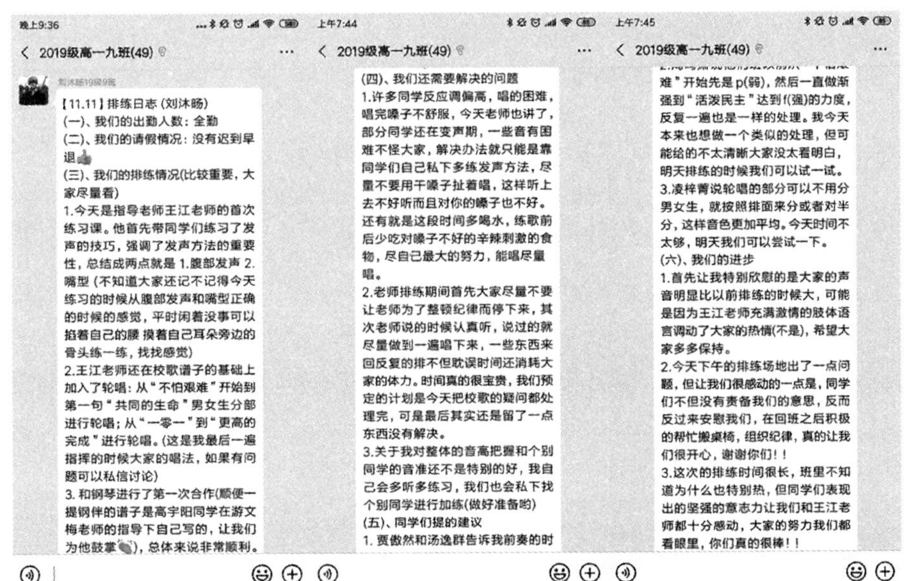

感受到了一份依靠，这份依靠来自对同学们的信任，来自我对“放手才是成长”的感悟。从此，不是“别怕，我来”，而是“大胆做，有我呢”。

欣赏你的“美”

刘　琳

教师职业生涯过半，回首过往，我感慨颇多。如何对待不同类型的学生是最耐人寻味的问题，想来这也是教师工作中尤为重要的部分。组织管理学生中，我始终秉承发挥学生主观能动性，尊重学生个体独特性，发挥其优势，使个体找到在群体中的位置，从而促进学习和各项发展的原则。因为我始终相信，每一位学生都有其独特的“美”等待老师的发现，老师应以“美”为切入点引导其更好发展。

小华是我连续教了四年的学生，从初三到高三，我见证了他的成长。他是一个不善言谈有些腼腆的男生，初三时英语学习成绩中等偏下。在同学们都为冲刺中考争相找老师答疑时，他只默默地完成我布置的作业，很少主动找我交流。即便我主动找他谈心，他也只是问什么答什么，很少提出自己英语学习中的问题。因为非班主任身份和毕业年级集体活动较少等原因，对他的了解不多，仅是从班主任和家长的口中了解到一些他的课后学习状态，但走进他的内心似乎还有些距离。

高一入学后，在任教班级的学生名册中我发现了小华的名字，心中有喜有忧。喜的是能跟随我从初三升入高一新集体的学生并不多，继续教老学生，我的心里十分开心；忧的是在初三一年的学习中，小华的英语学习进步不大，我对他的辅导似乎没有太大的作用，我心中隐隐有些不安。带着这样复杂的心情，我们开始了高中的学习生活。

高一的校园生活丰富多彩，学校组织的常规集体活动如运动会、合唱比赛等自不必多说，更有展现学生兴趣和特长的个性化活动，如微电影节、社团活动等，也有像英语节这样的学科特色活动。丰富的高中生活似乎给小华注入了极大的活力，高一上学期时，小华的在校表现就悄悄发生了变化。

通过学校和班级的各项活动，我了解到小华特别精通电脑和网络，对于摄影也极其喜爱，他也在各项活动中积极发挥了自己的特长，得到了师生的一致认可。这让他展现出完全不同于初三时期的另一面，也让我欣赏到小华身上独特的“美”。抓住此契机拉近我与小华的距离，从而引导他在学习上，尤其是英语学科上，有更大的进步，这个想法渐渐地浮现在我的脑海中。

高一下学期，学校举办微电影节，各班精心准备参展微电影作品，小华班级的作品由小华主要负责。我特意去了解了班级微电影剧本内容，决定通过他负责的这个活动拉近我们的距离，于是我主动找到了小华。“小华，老师看过你编写的微电影剧本，感觉选取的主题和角度都非常吸引我，老师也想参与你的作品，你看我有这个机会吗?”我试探着问。他的表情有些惊讶，可以看出他完全没有想到，不是班主任的我居然关注了他的微电影制作。他嘴角上扬，微微有些笑意，这可是以往与他交流中少有的表情，我暗自开心。但一时他不知如何回答我。“嗯……”他想了一会，“我看看能否协调您来参演教师那个角色，您看行吗?”我听后心里更加高兴，原因不在于能去饰演一个角色，而是感到这次与小华的交流与以往完全不同，我与他之间的距离似乎一下被拉近了。“好的，等你的消息。”我愉快地回答。之后一段时间，因为微电影的拍摄，小华与我有了更多的交流，如不同场景中学生如何来演、情节上如何衔接和过渡，等等。我感受到了小华认真投入的态度，欣赏到了他专业的拍摄水平，对他有了更深入的了解，发现了小华身上独特的“美”。小华也在这样的交流中消除了一些与我

的距离感，开始愿意与我主动交流剧本和拍摄以外的事情，如高中学习生活和自己的学习感受。这也与我想从他的优势中找到切入点，渐渐引导他学习英语的初衷保持一致。

微电影节后，小华对我的认同感极大加深。之后的英语学习中，他有了一些转变。课上更加认真听讲，基础小测如未合格，他会主动找我进行补测，这可是之前学习中极少有的表现，我心里暗暗地替他高兴。从那以后，英语课上，我尽量给予小华更多的展示机会。虽然基础薄弱，但是因为他的特长使他在集体中形成了良好的同学基础，大家对小华的英语表现都给予正面的反馈。英语课上愉快的氛围让小华对英语学习更加自信，这也极大地超出了我的预期。

高二上学期，年级举办一年一度的英语节，各班纷纷推出英语节日，准备展演。我再次抓住这个既能锻炼英语能力又能发挥学生特长的机会邀请小华加入。一方面安排他在英语剧目中饰演角色，另一方面请他为班级节目全程录像，并制作英语节风采展示小影片。他不仅十分积极认真地准备台词和表演，同时，他也为班集体精心制作了节目展示小影片。在英语课堂上，当同学们欣赏了他精心制作的风采视频后，热烈的反馈给予他极大鼓舞。从那以后，小华的英语学习热情更加高涨，对我的信任也加深。

现在，迈入高三的小华不仅在英语学习上有了明显的进步，性格也更加开朗，乐于交流，他的摄影爱好也已成为同学们一致称赞的优势。

欣赏学生的“美”，并让他的“美”在恰当的时机绽放，让更多人认同他，既拉近了师生之间的距离，使学生更加信任老师，进而增强对学科学习的热情，同时也使学生找到自己在集体中和学习中的位置，更清晰自身的优势并思考自身如何发展。愿每一位老师都能带着欣赏的目光发现学生的“美”；愿每一位学生都能在欣赏的目光中闪耀自己的“美”。

培养自信心　助力学生成长

龚骄阳

美国教育家戴尔·卡耐基在调查了很多名人的经历后指出："一个人事业上成功的因素，其中学识和专业技术只占15%，而良好的心理素质要占85%。"自信是对自己正确评价后所产生出来的一种坚定的自我信任感，它可以激励人们为自己选择一些难走但又是必经的人生之路，并义无反顾地走下去。信心是人成功的坚实的力量源泉，在奋斗过程中，自信激励着人们克服困难、勇往直前。自信心能使平凡的人做出惊人的事业。而培养青少年自信心对于青少年形成独立自主的人格尤为重要。因此，在担任班主任期间，我特别注重利用各种契机组织活动培养学生自信心，促进学生个人成长，营造良好班级氛围。下面分享几个小故事。

对于刚刚从小学毕业的孩子们来说，初一开学的军训很苦很累，是考验学生意志力和培养集体荣誉感的好机会。军训期间，班主任须全程陪同，因此这是观察、了解学生的好机会。为期一周的军训结束后，新成立的班级就需要正常运转，班主任需要在这期间初步确定班干部的人选。因为男女生人数相当，为了班级平衡还得在男女生里各选一名班长。

我观察了两天，初步确定了2个女生人选，可是男生太让人发愁

了，男生和女生相比，明显幼稚很多，综合能力也差很多。从心理学角度来说，男生心理成熟期比较晚。于是决定培养一个男生班长。经过反复权衡，最后我初步确定让集体荣誉感强、做事认真、有正气感的小赵同学担任临时男生班长。

宣布之前，我找小赵同学征求意见。小赵同学很坦诚地告诉我："老师，我小学从来没担任过班干部，我一着急还有点结巴，同学嘲笑我怎么办？我能行吗？"明显信心不足啊！这是预料中的问题，我首先问小赵同学："你想不想当好班长？"得到肯定回答后，我肯定了小赵在军训期间表现特别优秀的地方，帮助他分析自己的优势在哪里，最后告诉他要想当好班长必须注意哪些问题，甚至怎样克服一着急就口吃的毛病，没想到小家伙有备而来，拿出笔记本一条一条详细地记录下来了。

两个月后班级选举正式的班干部，小赵同学各方面进步飞快，口吃的问题都改善了很多，他的认真和一身正气得到同学们普遍认可，被评选为正式班长。一直到初三，小赵同学都是大家公认的好班长。由于得到认可，他的自信心不断强化，学习成绩也由班级中等偏上变为名列前茅。一个有自信心的孩子，潜力真的很大。

再说说另一个故事。

军训时，我注意到胖胖的非常壮实的小司，在休息时间谈笑无忌，但军训一开始立马就非常严肃，一丝不苟地完成军训任务。我现在还保留着一张小司汗流满面但严肃认真站军姿的照片。这个男孩很特别，需要特殊关注是小司留给我的第一印象。

深入接触后我发现小司很矛盾。废话很多，能不停歇地自顾自讲两小时，但老师真发脾气了，又能闭紧嘴巴一言不发；能一言不合脸红脖子粗马上揍人，即使老师在场也"无所畏惧"，但其实下手很有分寸；对所有事所有人都不满，揭人短毫不留情，甚至父母亲的错误也能直言不讳，怼天怼地怼父母，只对老师还留点情面，至少不当面怼。这样的性格一定和家庭环境有关。我和家长多次沟通，逐渐了解到小司父母亲教育观念不一致，加上长辈的强势干预，形成了小司独特的性格。综合分析小司成长过程，规矩伴随着暴力，奶奶严苛的要求和父母由于心疼极度的放松教育共存，就是比较缺乏心平气和的教育。

我发现小司放学后不愿回家，总是磨蹭到很晚。我就有意识地晚点离开教室，装作不经意间和小司聊天，就各种问题天南地北聊，可能氛围比较放松，小司越来越愿意敞开心扉，对抗情绪越来越少。我从多次聊天中了解到，小司实际对自己很不认同，他直言控制不了自己的暴脾气，甚至认为自己就是个学渣，迟早会被退学。

针对这种情况，我决定打组合拳。一方面和家长沟通，劝说家长调整教育方式，同时教给小司控制暴脾气的方法；另一方面针对小司长项建议他报名参加学校辩论社，中考选课时选政治，把律师作为职业目标。在班干部系统外，我特意设立一个班主任助理表示对他的重视。没想到，小司尽职尽责，提出了不少合理化建议。在班级活动中，他主动承担很多事务。怼人的次数越来越少，因为暴脾气和同学的冲突越来越少。初三选课时真的选了政治，中考也考得不错。一路走来，小司越来越自信，那个满身戾气、怼天怼地的小司已经学会了理性思考、辩证分析，相信未来这个孩子的路会越走越宽广。

这样的小故事还有很多很多，学生树立自信心后的蜕变让我惊喜。自信的人才有面对人生风雨的底气，青少年时期是一个人性格养成的关键时期，这个时期教师多观察，针对不同学生特点采用不同方式方法帮助孩子树立自信心，让他们有勇气去面对人生中各种考验至关重要。学生树立自信心后的成长蜕变也是教师职业生涯幸福感的源泉。

驱“魔”记

周 斌

我班一名 W 姓男生（下面简称 W），人称“魔童”。

高一开学第一周，我布置每名同学写一篇周记，谈谈自己对新班级的看法和班级建设的想法。

W 的周记果然“魔性”十足。

在这个班，我遇到了许多好玩的同学，我们中午打球，课间吹牛，放学瞎闹。

班主任跟我们说的各种班级建设目标，希望我们团结进取，也就说说而已。也许是我听这个社会的虚假的语言太多了吧，对此有很大的厌恶感。

“手把青秧插满田，低头便见水中天。六根清净方为道，退步原来是向前。”在当今社会里，进步已成了很多人心中的目标，而退步的人越来越少。无智乃受此因。

开学两周，我发现 W 真的有点“智者”风范，几乎所有老师都跟我反映他不交作业。我还没来得及跟家长联系，W 的妈妈就给我发微信了。

周老师，您好！W 最近总是跟我说学习没意思，不想学了。昨天晚上又在家闹腾，今早到校后打电话又跟我说，社会制度不好，学习没意思，想早日投身社会公益事业拯救全人类。您什么时间方便，找他谈谈。谢谢您！

我必须立即启动“驱魔计划”了。

我首先从他妈妈那里了解到 W 从小无拘无束惯了，性情率直，思想偏激，心比天高，行若蚍蜉。但他天资聪颖，心地善良。他小学和初中就经常吓唬妈妈，说自己不想念书了。后来才说是他没交作业太多，担心妈妈屈服于老师的压力，强迫他写作业。如果真让他退学，他没有玩伴，只会觉得更加没意思。

当天中午，我找 W 进行了第一次谈话。

“你现在投身社会，能独立生活吗？”

W 无语。

“你自保尚且不能，拿什么拯救全人类？”

W 还是无语。

“你的朋友中，有多少人同意你的观点？”

“他们都是傻子，没人理解我。”

“同龄人都不认可你的观点，比你年长的人能接受吗？不接受你的观点的人会追随你的行为吗？没人追随你，你怎样拯救全人类？”

W 继续无语。

我没有指出他思想幼稚可笑。我告诉他，要想让自己的想法实现，首先要足够强大。目前让自己强大的办法就是努力学习，只有厚积薄发才有希望。我推荐他看一些名人传记。下午放学的时候，我请 W 的妈妈亲自来接他，三人又共同交流了一段时间。W 终于承认自己理想很丰满，但连作业都交不上，既担心那些天天听他侃侃而谈的同学嘲笑他，更无法撑起自己的理想。我跟 W 签订了一份书面协议，期中考试总成绩进入班级前 10 名，可以不交作业。

我鼓励 W 竞选上了班级卫生委员，他出色拯救了班级卫生，我也有了更多跟他单独交流的机会，知道他其实非常向上。课间，少见了

W 的吹牛和瞎闹。最后，W 竟然违背了协议，作业全交，期中考试总成绩位列班级第 5 名。

然而好景不长，他“魔鬼”的本性再次显现，期末考试成绩直线下降。高一下学期开学不久，他因为连续几次没有交某科作业，被科任老师请家长了。这下犯了他的大忌，他认为学习是自己的事，自己做错事不应该找家长。第二天下午，他自己“退学”了，给家长的理由还是“学习无用”。

孩子死活不来，我只好再次把家长请到学校，让她给 W 转交一封信。

你的优点和缺点一样突出，你天性耿直，从不隐藏自己的内心。你天赋很高，对自己的期望很大。你觉得在各方面表现优异是理所当然的事。

也许上学期期中考出了自己满意的成绩，下半学期的各种考试，每次都期望值很大，但经常失落。每次糟糕的成绩都是对你的煎熬！虽然你依然认为自己能够学好，但现实却很残酷。你开始担心老师、家长、同学看到你的失落，你开始“生病”了。期末考试之前真病了两周，这次不是装的。你的内心该有多大的焦虑呀！期末考试，你考砸了，你觉得没人会怀疑你的实力，因为你病了两周。

经历一个寒假的恶补，你想东山再起。可是，三门阶段考试，有两门在班级垫底。你努力了，效果呢？你开始动摇了，你把愤怒放到球场上，你用学习无用论来掩饰自己的无奈和无助。

你内心真的这么认为吗？你的行为早已出卖了你的内心！昨天下午，你比以前更早地离开了篮球场。今早，你第一个走进了班级，认真地看一本我推荐的名人传记。第二节课下课时，我看到你在问英语老师问题。一个经常把“学习无用”放在嘴边的学生，会有这样努力的行为吗？你今天下午的离校是担心下午的考试再一次暴露你知识的欠缺。

你不要再掩饰你的内心了，你迫切地想学习足够多的知识来武装自己，最终兑现自己的天赋。但是，学习不是一蹴而就，需要一步一个脚印。越是困难的知识，越需要时间的积淀。对你而言，一年也许足够。在之后的一年里，你的坚持必定能兑现你的天赋。我依然相信你能行。

当晚，W 的妈妈告诉我，W 看完我的信，热泪盈眶，说我洞悉了他的内心，他想学好，但急于求成，又好面子。W 认为这是人生中收到的最珍贵礼物，以后一定会一步一个脚印地兑现自己的天赋。

半个学期，我又看到了努力的 W。

不料，高一下学期期中考试依然不见起色。他又有点闹情绪了。果然，紧接着的一次语文作文练习，他爆发了，语文老师拿着他写了 800 字的 0 分作文找到我，感觉这孩子的情绪太不正常。

当天晚上，我去 W 家家访了。我们聊他最爱看的书——《三体》，时空跨越整个宇宙。我跟他讲褚时健把红塔集团带上巅峰，自己却锒铛入狱，78 岁开始种植褚橙，再续商业奇迹。我还跟他谈 43 岁创办华为的任正非，谈贫民窟出来的 NBA 球星勒布朗。两个多小时，我一直没有提他的学习和作文。

第二天一大早，W 妈妈发来了微信。

周老师，太感谢您了！W 昨晚听说您要来，情绪有些抵触，以为您来家里谈学习。没想到，您给他打开了一片广袤的天空。正如他自己说的，高中进入人生转型期，很迷茫，不知从哪下手。您聊到他心坎里了。尤其是您说《三体》里的细节，真的探讨出共鸣，我看到 W 的眼睛亮了。您广博的知识阅历彻底征服了他，他这次真正明白成功需要坚持不懈。心病还需心药治，您这一剂良方肯定能让他改头换面。

“魔鬼”渐渐远离 W 而去，但依然有一个过程。一次，物理老师找到我，说 W 和其他三位同学在物理课上多次过于活跃，已经到了起哄的地步，严重影响到正常的课堂教学秩序。我立即找到 W 问明情况，他说学得有点兴奋，以后一定注意，并且主动找物理老师承认错误，做出了保证。一次音乐课，他和几名同学留在班里玩牌，被领导抓了现形，他诚恳地写了1500字的检查。

2018年12月6日，我看到了W天使的身影。初中一名男生被人开玩笑推入湖中，W看到后，救起那个孩子，把自己的衣服脱下来给学弟穿上，还把自己的面包给他，之后默默离开。

查清事件经过后，我在全班同学面前毫不吝啬地给W涨了一次面子，他虽然不好意思，但看得出来很自豪。

之后，他为了班级篮球比赛的胜利，天天早上吃鸡蛋、喝牛奶，说要长高十厘米，这样就可以赢了；决定五一假期把高考3500单词背一遍……为了班级荣辱和提高学习成绩，做了不少啼笑皆非的事。W最后高考成绩优异，进入了自己理想大学的心仪专业。

没有一个孩子是十全十美的。我从W的单纯幼稚中发现了他的善良、担当、向上。这样的学生，不要揪住他们的错误不放，要看准他们积极的一面，帮助他们找到前进的方向，给予鼓励和肯定，他们就能从“魔鬼”蜕变成天使。

换一种方式对话

崔越棋

在我与学生的故事中，有一个叫田田的女孩。她热情积极，帮助老师做事，主动承担班级的板报设计，英语成绩总能达到优秀，口语能力更是没得说，英语课堂上练习口语的时候喜欢主动和我聊几句，但这样一个看起来完美的孩子身上也存在着一些问题。

她有最积极的态度和语言表达能力，在初一的学年她拿到了优秀的成绩，但是这也成了她骄傲的资本，在和同学的相处中很是自傲，实际上踏踏实实学习、不骄不躁且比她成绩突出的大有人在。我曾几次与她谈过课上注意力的问题。几天后，那有些大大咧咧的她把我的话又忘在了脑后。

一天，她的一句话彻底惹怒了我。一次的口语练习课，她又过来跟我说："老师，学过口语的和没学过的就是不一样啊！他（指同伴）什么都说不出来!"为了不影响课程的进度，我压住了火气，先让她继续练习。课下，我对她进行了暴风雨式的批评，指出她的高傲与浮躁及与同学之间的关系。她默不作声，看上去只是碍于老师的威严暂时顺从了。事后我也在反思，表面的应承是她的权宜之计还是真的从心底认识到了自己的错误？不出所料，她的学习状态和她对同伴的态度并没有多少改变。

初一的学生尽管已经升入初中，但多半还是小孩子心性，她也不例外。尽管多次谈话、多番鼓励使她在和同学相处的时候有一定的进步，但是碰到切身利益的时候，还是会下意识地维护自己。在期末考前的最后一天，她和小刚的冲突终于爆发了。

下课铃声一响，小刚，她的后桌，非常生气地举着校服过来找我："老师，田田在我的校服上画了好几笔！"我立刻找到她询问事情的经过。她刚一开口便哭了出来，委屈极了。原来是她的书包放在椅子后面被小刚不小心踢了几脚，班级的空间不大，男生总是下意识地向前伸腿，结果弄脏了她的书包，也弄脏了她挂在椅子上的白色羽绒服。因为这个问题，她已被家长批评了几次，于是发火把男生的校服当作了画板。如此几番来回，两个人的校服和书包都有不同程度的污渍。他们的纠纷刚刚讲完，上课的铃声便打响。临近期末，还会为这样的小事影响自习的效率，我觉得特别生气，就利用上课的前几分钟严厉批评了他们两个人，之后大家便在我的咆哮声中开始了自习。

安静下来后，我又开始后悔，怎么还可以像孩子一样激动，这样的批评会有效果吗，会让他们服气吗？有没有更好的方式解决他们的矛盾并学会谅解呢？思来想去，我把他们两个叫到了外面，平心静气地和他们讲，初中时期是最青春、最宝贵的时期，那么多人中我们组成一个班级是多么大的缘分，而且在一起的时间转瞬即逝，等等。听到这里，两个孩子心里还有些委屈，还在不停地抽泣。我突然想起发生在我身边的事，便对他们讲："十年之后当咱班再聚会的时候，你们谈到今天的事情肯定会觉得自己多么幼稚，本来就算不上是事情的事情，互相多包容一点就可以了，远不止于把两人的友情破坏掉，到时候小刚就会说：'你当年为了一个书包还哭鼻子呢。'而田田就会说：'什么呀，你要不踢到我，我也不能哭啊。'"我的话还没有说完，两个孩子就已经破涕为笑，想必他们是想到十年后拌嘴的热闹场景了吧。

看到他们笑起来，本想再嘱咐些什么，这时田田做出了一个让我非常惊讶的举动：主动伸出了右手，说了我期盼已久的那句"对不起"，小刚则愣了一下，最后也伸出手来笑眯眯地说"我也有错"。

两个孩子意识到了这件小事不至于影响到他们之间的团结友爱。更让我惊讶的是回到座位之后，小刚主动把桌子拉后一些，而田田的书包则出现在书桌的右侧。两个人都在握手言和后找到了相应的解决方式，而这种方式，比我任何咆哮出来的解决方式要和平的多。

教育孩子的幸福，在于孩子的纯真总是可以让自己心有所动，总是可以给身处在复杂社会中的自己带来一丝凉意。

回顾田田的成长过程，她的经历里不缺少会咆哮的命令者。作为教育工作者，适当的严肃、严厉是必要的，但是有时我会想，是否所有的孩子都适合这种极端严厉的大声咆哮的管理方式呢？学生的心灵是多姿多彩的，他们的学校生活和每天陪伴他们8小时之多的班主任也应该是多姿多彩的。这种多姿多彩在于班主任可以根据不同孩子的特点有针对性地对症下药，达到最好的教育效果。作为班主任，应该尽量避免自己情绪上的爆发，即使批评学生也应该事先想好策略，再来一点点摆事实讲道理，否则一句话就有可能对孩子产生不可磨灭的影响。另外，育人的工作不可能一蹴而就，对孩子身上出现的问题教师应耐心对待，要做好充分准备打持久战，并利用身边的一切资源，如与家长进行联系与沟通等。教师需要智慧，而我正努力寻找更多智慧，让更多的学生学会与人为善，学会在集体中生活的方式。

人生拍卖会

孙　娜

故事发生在我担任人文实验班班主任期间。

即将进入高二的学生面临着众多困惑，如文理分科、男女生交往、与家长的矛盾、同学友情、学习压力等。对此，我想以“选择”为主题举行班会，让学生体会如何做出明智的选择，并增加彼此之间的了解。我的初衷是希望他们通过一种既有趣又有意义的方式——沉浸式体验，感受选择的重要性，明确什么是最重要的、如何把握机遇和懂得适时放手。

整个班会设计最大程度地发挥学生的主观能动性，体现以人为本的理念。我的班委很给力，是有想法、有能力、有激情、愿意为班级服务的精英团队。我非常信任他们，他们从未让我失望。

设计之初，他们确定拍品，找寻拍品图片，精心设计流程，最大程度模拟一生的选择。拍卖规则：每人只有1000人生币，不能相互借取，不能透支，可以一次性用光所有人生币，也可以分几次用完。

序：

期末考试即将来到，在繁重的课业负担下，“人生拍卖会”不仅能让同学们暂时从题海中抽身稍作休息，更让他们经历一次内心的成长。

前奏：

主持人极具煽动性的开场白，介绍拍卖会规则，同学们跃跃欲试。

主旋律：

主拍人为大家介绍34件拍品，平日里非常安静的学生们此刻异常积极，每件拍品都十分抢手，在大家此起彼伏的喊价声中，有人拍到了理想的商品，有人则黯然放弃。其中不乏爽快地一次用尽全部人生币的同学，A同学拍下“一生的挚爱”，B同学拍下“自由”，C同学拍下“一生知己”，D同学拍下“健康”，一位女生拍下了“绝世武功”。一阵阵的惊呼和掌声此起彼伏。

副歌：

商品很快拍卖一空，意犹未尽的同学们发表了自己的感想，也渐渐体会出此次班会的意义。

尾声：

C同学用1000人生币一次性拍下“一生知己”，他分享感想：

我的理由大致可以分成理性的理由和感性的理由两类。之所以说存在理性理由，是因为我觉得“一生知己”可以让我获得比其他拍卖品更多的东西。比如，我曾经对“一次改变世界的机会”非常感兴趣，但思考后我觉得就算是改变了世界，却没有一个人可以和你一起分享这个时刻是非常悲哀的。再比如“轰轰烈烈的爱情”，我其实也非常想要。但是爱情不可能一直是轰轰烈烈的，之后的发展无法预料。一生的知己则完全不同，它不会随着时间的流逝而失去原有的味道。在我的印象中，知己是一种不管我遇到了什么事情，不管这件事是好事还是坏事，都永远会站在我身旁的几个或者一个人。

再来说我的感性理由。其实我从拍卖会一开始，我就非常想拍一个和知己有关的物品，这也就直接导致了我在看到“一生知己”这件拍品时，第一时间喊出了1000的高价，那完全是由于心中强烈的愿望而造成的一种下意识行为。至于说我为什么那么想要一个知己，我其实也说不太清楚，只是觉得如果能有一个人在我的人生路上一直陪我走下去，那种感觉非常好。

一位女生整场拍卖会没有拍下一个拍品。她的感受：

一场拍卖会下来，有些人的人生币早已花完，而我手中却仍是拥有完完整整的1000人生币。

当然，这并不意味着这次拍卖会上所拍卖的东西都不是我想要的。我记得我曾经为了“亿万册藏书”而举手叫价，最后这“亿万册藏书”以600或是700人生币被另一位同学拍走。在此过程中，我争取过，并且完全可以立马叫价1000人生币将其拿下，但我犹豫了。若人生真的只有1000人生币，把它全部付出只为了换取亿万册自己可能永远读不完的藏书真的值得吗？或许这是值得的，但我内心却仍是有个声音在叫嚣着说：“不要冲动，人生中还有更为重要的东西。”所以整场拍卖会下来，当主持人询问是否有同学为自己并没有拍到自己想要的东西而感到后悔的时候，我并没有举手。尽管这次拍卖会我并没有拍到任何东西，也有些遗憾，但却并不后悔。一次次的犹豫与徘徊让我与心中真正想要的慢慢拉近了距离，我人生中最为渴望的东西渐渐明朗。

主持人富有感染力的发言让每个人若有所思：

“人生拍卖会”虽然结束了，但我们的人生才刚刚开始。经过最开始激烈的竞拍、一次又一次的抉择，到那一个个情真意切的“拍后”感言，都让每个人不由自主地低头、微笑、默默思考。一次拍卖会，收获的不仅仅是“绝世武功”“优秀工作”“百变衣橱”，或者“美满的家庭”“一生知己”“名牌大学的文凭”，而是真正的扪心自问：究竟该如何选择？究竟想要什么？我想，每个人心里都有了答案。

后记：

班会非常成功，我非常欣慰。整个拍卖过程中，学生全情投入，竞拍非常激烈。我悉心观察，有很多感触。我发现学生更多关注的是精神层面的东西，比如，最多人想要“一生知己”，从而可以知道他们多么需要人与人之间真挚的能够伴随一生的纯洁感情；“美满的家庭”“轰轰烈烈的爱情”“一生的挚爱”等，也是很多学生非常想要得到的，表现出他们对于美好爱情和生活的向往；“一对任意飞翔的翅膀”“自由”表现出他们对于自由的渴望；“善良之心”“信仰”“积极的心态”又象征着他们内心对于精神的更高追求；“一个秘密花园”昭示出他们，尤其是女孩子，对于安全感的需求和一种对自我世界的关注；一个女生拍到“一次改变世界的机会”，希望通过自己的努力改变世界、改变人生。他们对于生活实实在在的追求令我感动，选择过程中的冲动、激情、犹豫和纠结都表现了出来，懂得了抓住机会，懂得了鱼和熊掌不可兼得，懂得了只有依靠努力才能获得自己想要的。

我也真挚地分享了我的人生感悟：

Life is a matter of choice, and every choice you make makes you. So follow your heart and keep marching forward!

“三剑客”与“量化武器”

黄克瑾

上课铃响了，我站在门口，三位女同学迟到了。原来是课间操结束之后从操场回来晚了。我严肃地问明原因，明确表示要扣“量化”，三位同学有点不服气，觉得跑完操已经很累了，从操场走回来又很远，所以迟到了。扣不扣“量化”呢？我犹豫了。

又有同学反映，这三位同学上课吃零食。我也发现了一次，把她们叫过来问原因，才知道上午上课时间比较久，孩子们很快就饿了，想吃点零食补充一下能量。想到现在也是长身体的时候，饿得快，情有可原。但是如果上课吃零食，会很影响上课，所以我和同学们利用一个早读讨论班规，制定出来就一起遵守，不遵守的话就扣“量化”。

我把“量化”作为班级管理的一个主要方法，但别的老师运用起来如虎添翼的“量化武器”到我这里却不灵了。

就拿这三位同学来说，她们每一次的理由都让我觉得情有可原，总想着再给一次机会。与此同时，作为一名新老师，我有一些底气不足，怕处理不当。但是我的“绥靖政策”并没有换来风平浪静，反而感觉整个班级的散漫有一种越来越不受控制的迹象，于是，我打算整顿班风。

“一二·九”大合唱要来了，我们请声乐老师做指导，声乐老师特意强调了纪律问题。于是，我在排练开始前和大家强调，谁如果不遵守纪律，提醒三次之后直接给“班级告知单”。一开始，大家做得很好，但是后半段，就开始有松懈。我对 A 同学提出了两次警告。后来，我看到她先是抻了抻前面的 B 同学，然后说了几句话，后来旁边的 C 同学和 D 同学好像表现出手舞足蹈的样子。可能是前面一连串的事情让我对这几位同学有了一个固定的印象，我感到非常恼火。因为排练前已经明确纪律要求，又决定这次一定要说到做到，于是就在排练结束后把这四位同学留了下来，说明四位同学都要扣“量化”，并且要给 A 同学一张班级处分。当我这么说的时候，A 同学表现出了不高兴，另外几位同学也是不服气，觉得自己没做什么，C 同学却不知道什么原因，笑得停不下来。本来就在气头上的我更觉得这是对自己的一种不尊重，于是很生气地说：“你们自己先想想，想清楚之后再来找我。”

气呼呼地回到办公室的我心里面突然觉得很难受，对自己能力的怀疑、不被尊重的委屈、不知道下一步如何是好的无奈，一下子都涌了出来。但是想起师傅的教导，认识到自己现在这个状态是有问题的，于是努力地让自己先平静下来。

后来，听到办公室外面传来这几个孩子的声音，想到我好像还没有好好地了解一下到底是什么情况，于是走出去尽量让自己心平气和地与她们沟通。一问才知道，原来 A 同学当时是觉得太冷了，让 B 同学把外套给她。D 同学以为 C 同学衣服上沾上了粉笔灰，用手碰了之后赶紧甩了甩，然后就呈现出我看到的手舞足蹈的一幕。

听她们说完之后，我就后悔了，自己还没有了解清楚，就给处分，话说得太早了，其实都是一些小事情，我自己把它放大了。

在和她们斗智斗勇的过程中，我发现“量化武器”似乎没有真正解决问题，“量化”可以扣，但孩子们的心是不服的。有没有更好的解决方法呢？我再去反思，发现自己的心出问题了。我并没有真正去关心她们，而是一出问题，马上把她们摆在对立面，想着“又给我惹麻烦”。于是我想起了开学前导师给我的建议：准备一个本子，给每一位同学留一页，记录他们的优点。

慢慢地，我发现，A 同学对于班级的事情非常尽心尽力，比如说需要打印班徽，她晚上跑了好几家打印店，而且自己出钱，没有怨言；需要恢复另一个班级的桌椅摆放，A 同学和其他几位同学一起把桌椅摆得整整齐齐，就像是阅兵的阵势一样；她非常坚强，自己发了高烧，虽然很难受，但是也不求照顾……

有一次课代表抱作业的时候，B 同学的本子掉到了地上，沾上了土，因为封皮材料的缘故，我用橡皮怎么擦都擦不干净。但是等到本子发下去再交上来的时候，我看到她不知道用什么方法已经弄得干干净净。从这个事情上我看到了一个小姑娘对美好事物的向往。而且 B 同学常常会在需要的时候挺身而出……

C 同学非常机灵，头脑灵活。和她的妈妈聊过之后才知道，C 同学小的时候是个大学霸，但是容易受环境影响。她很听话，不会顶撞老师。有一次 C 同学看到科学课的教具箱摆在门口，而我想要进来，就主动过去把箱子拉到了一边……

对于班级的事情，三位同学都很热心。要布置会考的考场，她们仨蹲在地上用钢丝球刷地，家庭条件优渥的她们并没有喊苦喊累……

这样坚持写了一段时间，我发现孩子们有美好的品质。看到她们的时候，我不再皱着眉头，师生关系变得融洽起来。当我自己内心的对立消失了之后，“三剑客”也就不再是让我头疼的难题了。原来，是我把她们变成了自己的难题。所以遇事应该先检查自己内心是不是已经起了对立。如果只从制度上去约束，很难得到根本的解决。所以要继续坚持观察记录同学们的优点。这一学期，看到了很多的优秀老师，他们对学生的那种关心让我动容。他们考虑自己很少，而尽心尽力帮助学生的心非常真挚。

感谢“三剑客”带给我的成长，教育真是一门大学问，前路漫漫，愿上下求索。

从“邋遢大王”到“卫生大队长”养成记

——小议“双环学习”理论在教育中的实践应用

范　兰

引　言

作为“人类灵魂的工程师”，教师既是学生成长的领路人和引导者，又是学生成长过程中的陪伴者和促进者。“教师是学生的镜子，学生是老师的影子”，教师的一言一行，都会对学生产生影响。正所谓教学相长，教育是一个双向的过程，学生的成长和进步，会受到教师的影响；教师在和学生的相处中，在感受学生成长和进步的同时，教师自身也在不断进步。因此，在教育的过程中，教师在教育学生的同时，也需要从自身出发进行反思，反思师生关系和自己的行为是否有需要改进的地方，最终建立开放、信任的师生关系，这也正是“双环学习”理论的关键。

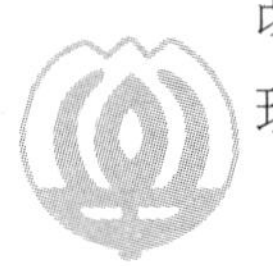

我们的故事

我是在天喜从初一升入初二年级的时候，作为新任班主任和地理

老师和他相识的。我们相识相知的故事也正是我们共同成长的故事。在接触天喜之前，我主要任教高中，接触的都是年龄稍微大一些的孩子，所以一开始接触双喜的时候，我非常明显地感觉到他是一个“特殊”的存在。通过开学后的短暂接触，我发现双喜是一个乐观得“没心没肺”的男孩子。他是非观念不强，在班里没什么朋友，同学拿他开玩笑他还以为大家关注他，会顺着大家的笑点继续自嗨，以博得大家更多的关注；有时候双喜表现出不自信，和老师谈话的时候眼神闪烁，说话声音也特别小。发现双喜的“特殊”后，我在第一时间和双喜的家长进行了沟通，发现双喜还有轻微的心理问题。家长反馈说，在学习压力大的时候，他会表现出长时间的自言自语。父母坦言非常关心双喜，也有时间和精力陪伴和照顾他，但就是“管不住”。在家里，父母和双喜动手打架的情况比较常见，尤其是母亲。在初步了解情况后，我开始尝试观察和引导双喜。

开学伊始，双喜最突出的问题是卫生问题，这也是他和同学之间的主要矛盾。基本上进班不到一节课，他座位周边的地上全都是垃圾，常见的有零食包装袋和撕碎的纸屑。后来通过班会引导、个人谈话和家长沟通，再加上按照班规的死磕，卫生问题得到一定改善。开学的一个多月时间，我基本上是天天等着他返校，手把手教他如何快速做好卫生。在这一系列的相处和教育的过程中，我自己也在不断地反思。一开始我只是单纯想纠正双喜的卫生问题，相处一段时间后，我开始反思我自己的行为对双喜的影响，并且开始深入思考双喜一些行为背后的原因。最后我的想法变成了如何成就更好的双喜，教他做好日常卫生，引导他信赖老师、收获自信。

在我多管齐下、潜移默化的陪伴式教育中，慢慢地，双喜的卫生意识建立了起来。双喜开始一边哼歌一边打扫卫生，而且效率越来越高。一切都在默默而缓慢地发生着改变。直到有一天，双喜被我从家里叫回教室做完卫生后，突然主动跟我说：“老师，我今天发现打扫卫生是一件特别开心、特别有意义的事情！”我当时的心情可以用欣喜若狂来形容。在我给予他肯定和表扬后，双喜主动提出想担任卫生大队长。我及时地给予了支持，双喜开始主动帮助同学值日，带领同学们帮助老师打扫办公室，并且一直都是任劳任怨、乐此不疲。在多次得到肯定和表扬后，他的卫生问题早不知不觉消失了，自信心也越来越强了。后来我又乘胜追击，鼓励他多问问题，鼓励他按时参加考试，鼓励他考试都要写完，不要交白卷。最后，语文老师大力表扬，说双喜同学进步很大。双喜也非常开心，他主动跟我说："目前在班里特别开心，特别享受校园生活。"初二上学期整整一学期，双喜基本上没有因为心理问题请过假。当然，我也知道，从"邋遢大王"到"卫生大队长"的养成会是一个漫长的过程，孩子的状态在后期很有可能还会反复，需要继续关注、帮助和鼓励。

"双环学习"理论在教育中的实践应用

所谓"双环学习"，是指进一步追问组织行为的前提是否恰当，通过克服"习惯性防卫"造成的认知障碍，谋求从行为的前提变量（即行为的前提假设）上取得根本性改善。"双环学习"强调对造成现状原因的反思，而且是从自身出发的反思，形成了一个学习和理解的循环。双环学习的模式图如下：

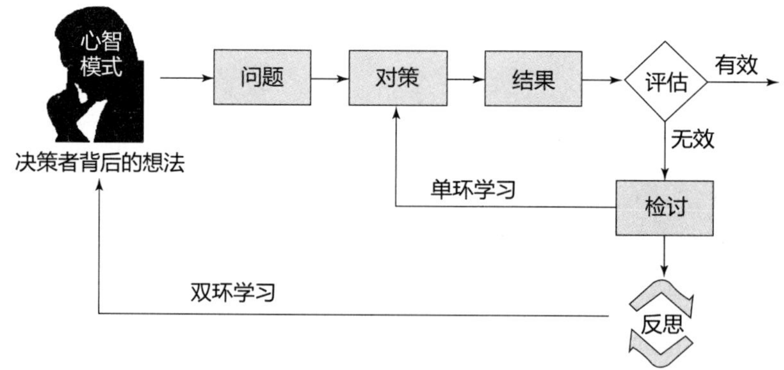

从模式图上能看出，双环学习比单环学习更加强调思维方式和心智模式，需要决策者对行动背后的想法加以检视，反思看问题的心智

模式，进而采取真正有效的行动。因为我之前的教学经验以高中为主，高中生的自律性和自我认知能力比初二的双喜要高一些，所以我能明显感受到他是一个“特殊”的存在。这也是我已有经验的认知。基于此，我选择从他的卫生问题下手，对他进行引导、教育和再提升。

在和双喜斗智斗勇的过程中，通过双环学习理论的引导，我也在不断地进行自我反思和剖析，我的心态从一开始的“小样，我还治不了你”到“其实双喜不特殊”，再到“我要帮助双喜成为更好的自己”。在我们的相处过程中，双喜慢慢地从不自信的“邋遢大王”成长为自信的“卫生大队长”，和双喜同时进步的，还包括我自己。对老师这个教育者而言，双环学习最大的魅力在引导老师不断进行自我反思，深入分析双喜的行为表现背后的原因，从单纯地想管教好双喜，到后来发现双喜的问题以及他需要的帮助，到最后想着帮助他成就更好的双喜，师生的相处模式也从最开始的教师单方面改变学生变成最后师生共同成长。这一系列的教育实践过程在帮助双喜的同时，也在不断地提升我的教育经验。感谢双喜同学，希望他在以后的成长过程中，越来越有自信。

小　结

教育的目的并不是培养千篇一律的共同体，而是促进学生成为个性化的、积极向上的、乐于发挥主观能动性的单个个体。在这个过程中，老师也收获着成长和进步。所以，在进行教育的时候，作为施教者，我们不能一味地只是纠正，而是要多思考孩子如此行为背后的真正原因，多思考教师的一些行为措施会对孩子产生的影响，对师生关系产生的影响，要多思考对于这个孩子，我还可以做哪些方面的努力和改变。

“双环学习”理论在教育实践中，要求老师不断地进行自我反思、对学生行为表现进行深入思考，进而对老师和学生行动背后的想法加以审视。这是非常必要和重要的过程，只有在深入反思之后，才能采取真正有效的行动助力孩子的成长。

在“邋遢大王”到“卫生大队长”的培养过程中，我和双喜师生关系的建立过程是在开放和信任中展开的。不论是双喜还是双喜的父母，都愿意相信我，并且理解我的做法都是为了双喜好。相互信任的关系，是“双环学习”理论得以实现的关键。而良好师生关系的养成，靠的正是日常工作中老师和学生以及学生家长们相处过程中的点点滴滴。

教师是学生智力的开发者和个性的塑造者，是人类灵魂的工程师，要想触及灵魂并产生影响，需要教育者在施教过程中不断地进行多方面的反思和反馈，找寻最合理有效的教育方法，建立良好、开放的师生关系，助力学生成长的同时成就教师自身的进步。

为爱“惊弓” 为爱“搏”

——共情，沟通才有效

高微微

入学报到时，他神秘地将孩子的健康调查表悄悄交给我并千叮咛万嘱咐：“请多关注我的孩子，别让孩子知道……这份材料不会让其他人知道吧？”

开学第二天，他问：“开学典礼几点结束？”我答：“上午就能结束。”他追问：“没有具体时间吗？”我赶紧给他确定到分钟……

开学第三天，年级主任正在台上发言，他从最后排毫无征兆地大声抗议：“说慢点儿！听不清！”让所有人既惊愕又反感。

开学第四天，他气势汹汹要将校医投诉到校长那里，而校医却完全不知道哪里激怒了他。我到现场时，校医正找不到症结地辩说着，场面混乱，毫无头绪。于是我只能请校医先离开，再慢慢寻找那个激怒这位家长的“开关”在哪儿。

校医离开后，我真诚地看着他的眼睛说：“小宇爸，您能告诉我刚刚发生了什么事吗？”

小宇爸大声地说：“我们刚刚在谈孩子上体育课的事，她怎么就那样的态度了！她怎么能这样！我要见校长……”他情绪激动，反复说着指责的话，愤怒地宣泄着。为了解决问题，我必须要弄清楚他气愤的地方在哪儿。但是他说得虽然多，却没有提供任何具体的客观事实，只是愤怒。此时我想，既然他说不清楚，那么只能把主观陈述题变成选择题，由我将事实整理出来。

根据有效沟通理论，对方表达不清楚的时候，我们该主动引导对方理清思路，并且在对方有明显的情绪失控和抵触心理时，尽量引导对方多说“是”，让他进入无意识的认可状态。

于是我说道：“小宇爸爸，您刚刚是不是和校医打电话了呀？”

他说：“是。”

“您和她沟通孩子身体的情况，对吗？”

“是。”

“您是不是和她说孩子曾经有过癫痫发作，希望学校能够多方面关注孩子一些？”

“是，是，是。”

“那您是想说体育课也希望老师多关注孩子健康情况，对吗？”

“对对对！”

“校医和我说过，根据以往经验和您孩子的身体状况，孩子需要开具免上体育课证明，然后体育课他可以不参加运动，是吗？”

“是，……不是。不能不让我孩子上体育课！小宇要上体育课！校医怎么能嫌麻烦，不让我孩子上体育课呢？又不是我们故意让孩子生病的！”

此时，我才明白，原来家长生气是因为校医触到了他内心敏感脆弱的弦——他觉得校医“嫌他小孩麻烦”。但校医多年来敬业、热心，估计是家长过于敏感了。于是我赶紧说道：“您别着急，校医不会嫌麻烦的，您可能误会了。可能是校医还不太明白您希望怎样给孩子一个更好的成长环境。您能和我说说您是怎么想的吗？小宇现在正在治疗，而我对医学这块儿不懂，不知道小宇的医生怎么说，医生说他能上体育课吗？”

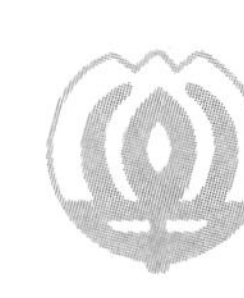

“有时候能。这个……”他犹豫着，突然压低了声音，怕被别人听

见似的，“还是得让他上体育课，不要特殊。如果他不上体育课的话，同学们会发现不对劲的……您要体育老师多关注他……但是也别让其他学生知道。”

我似乎明白小宇爸的担忧和敏感之处了——作为一个父亲，一切肯定是为了最好地保护孩子。是的，不是“更好”，是“最好”，因为在家长的心中一定是要给孩子最好的呵护的，何况他的孩子还比较特殊，这也许正是他支吾的原因——要特殊关爱却又不能因为过分或者特殊而刺激到孩子。

于是我试探着说：“小宇爸爸，我明白您的意思了，您是不是担心孩子不上体育课会显得特殊，引起同学们的注意，从而心里感到难受？所以您希望孩子正常上体育课，是吗？”

“对对对！是是是！”

“但是您又怕孩子运动过度，发生危险，是吗？”

“是是是！”

“所以，您希望体育老师和校医能够允许孩子上体育课，只是要多关注孩子的具体情况，避免危险，同时还要别让其他孩子发现小宇的情况，是吗？”

“对对对！是是是！就是这个意思！就是这个意思！老师您一定要和体育老师说清楚这个情况。”

原来，小宇爸就是希望保护好自己的孩子，但是他不太会表达罢了。他很爱自己的孩子，很希望给他最好的保护，但是又不希望孩子因为这种保护而显得与众不同。他一直在“保护身体”和“保护心灵”之间来回奔波，疲惫而紧张，他努力地扮演一个强悍的角色，实际却如惊弓之鸟一般敏感而脆弱。

我诚恳地说，仿佛是一种承诺：“好的，我待会儿就去和体育老师说。但是，小宇爸爸，实话实说啊，医疗呢，我不太懂，还是要听医生和校医的，毕竟他们是专家。我待会儿再去问问校医，如果为了孩子的安全，必须要开免上体育课证明的话，那还得麻烦您按校医的指导去开相关证明，好吗？我特别明白您的良苦用心，您是希望孩子在力所能及的情况下，尽量出席体育课，是吗？您真是一位好爸爸！真的挺不容易的。我会和年级说明您的担忧和期望，也会请体育老师在孩子身体状况允许的情况下，给孩子参与和锻炼的机会。”

“好的！老师，就是这个意思。我就是这个意思！我会去开证明的。也请您给孩子保密。”

看到小宇爸爸因被理解、被懂得而感动的脸，听到他充满感激之情的语气，我想我给出的方案应该能够达到家长的期许了。于是我试探着问：“那您还去找校长吗？需要我陪您去吗？”家长笑笑说：“不用了，老师，问题解决了，您代我去和校长说一声就好了。我这就走了。真的非常感谢您这么能理解我们家长！”“那行，那您慢走。”我还得解开家长和校医间的误会，于是补充道，“对了，关于孩子身体的情况，还得请您多和校医沟通，毕竟她专业。当然，其间您需要我做什么的，您可以随时联系我。照顾孩子不容易，您是位好爸爸。”“好的，老师，我会和校医联系的，谢谢您！”

后来，在我去校长办公室的路上，我一直有些难受：这位家长就像高度紧绷的、时刻准备为保护孩子而战斗的公鸡，他护子心切却又不得法，长期的自我担心使他的心灵犹如惊弓之鸟一般敏感而脆弱，所以他在沟通之时总会“假想”出一些敌意（比如嫌孩子麻烦等），使他具有很强的自我保护性，而他自我保护的方式就是把自己“包装”成非常强势的家长，让他人不敢对自己的孩子任意投射“眼光”或者“语气”。他们目的只有一个——保护好孩子！

其实，家长想给自己孩子最好的保护，只是他格外敏感罢了。与他们沟通时，多一点理解，多一份共情，或许就能让矛盾迎刃而解，柳暗花明。

初次见面我们一起“种树”

徐　娟

今天是高一新生入学的第一天，我提前一个小时来到了新教室，刚一看到摆放整齐的桌椅，我的内心就莫名地高兴起来，马上就会有46位同学坐在高一13班的教室里，而我就是那第一个微笑迎接他们的人。

第一次见面，少不了大家要做自我介绍，但我想更多地了解他们，所以我在黑板上画了一棵大树。它是一棵主干粗壮、枝叶茂密的大树，但我只画出了它的外部轮廓，内部的树枝、树叶都是空白，我想跟他们一起“种树”。

临近到校时间，学生们陆续进班，每位同学都在进门时领到了一个彩色卡纸修剪出的男生女生头部简笔画。他们需要在自己选择的简笔画上写上自己的名字。很快自我介绍环节就要开始了，我说：“请大家站上讲台时，先说出自己的姓名，并把自己的简笔画贴到这棵大树里，自选位置，自选高度。然后再做自我介绍。”

第一位上来的是位高个子男生，他上讲台之前，边走边看着我笑。

“大家好！我叫李伯轩。”

他转身把手里的简笔画贴在了大树最上方的正中间，是一张蓝色的简笔画。

“我初中三年是在一零一大园子里度过的，非常高兴还能继续在这里学习。”说到这里，他双手握在一起，侧转着身子冲我笑了一下。接着他说了自己的爱好以及自己的高中目标，很快说完了，说到最后一个字的时候，他又一次转身看着我笑了一下，再走下讲台坐回到自己的座位。礼貌如他的微笑一般，让我倍感欣慰。

第二位上来的还是一位男生：“大家好！我叫孙熙梁。”等他贴完自己的简笔画，我们看到他是倒着贴了自己的画。原来，他的名字是反着写在头发上了，这是一张紫色的简笔画。微胖的他，说话时喜欢抬着两只手，随着语调的起伏，两只手也在轻微地摆动着，就像在做着音乐指挥一样，似乎有些紧张。他介绍完自己，下台前，微笑地看着我，似乎在征求我的意见，我微笑着冲他点了点头，示意他可以下去了。

第三位上来的是位女生。她慢慢地走上讲台，两只手同时放在讲台上，看着大家比较含蓄地说：“大家好！我叫朱宇琪。”说完，转身抬手，将图像贴在了右手举起的位置，这是一张红色的图像，正好贴在了孙熙梁图像的旁边。她介绍了自己的爱好，最后说了一句：“我高中的目标是考上北京师范大学，谢谢大家！”她语言简练，但清楚有力。

伴随着大家紧张、兴奋、有激情、有特色的自我介绍，大树里面的头像越来越多。我发现紧张的学生，一般会选择就近或者与自身眼睛高度差不多的位置粘贴自己的画。而比较兴奋的学生会选择比较特殊的位置，如大树的最上面、最左边、最右边或者大树的正中间。也有学生会站在大树前端详一会儿，在较多空白处的地方粘贴自己的画。

到最后，大家还会考虑到色彩的均匀分布，画像整体的疏密程度等。站在一旁观看的我甚是期待，这帮学生必将会是一群有特色但也有集体观念的一群好学生。最后，我在大树的最上方空隙处写上“13 班大家庭”，至此高一 13 班班集体组建成功。

大家看着如此色彩斑斓、根基粗壮的大树，既有归属感，也对新

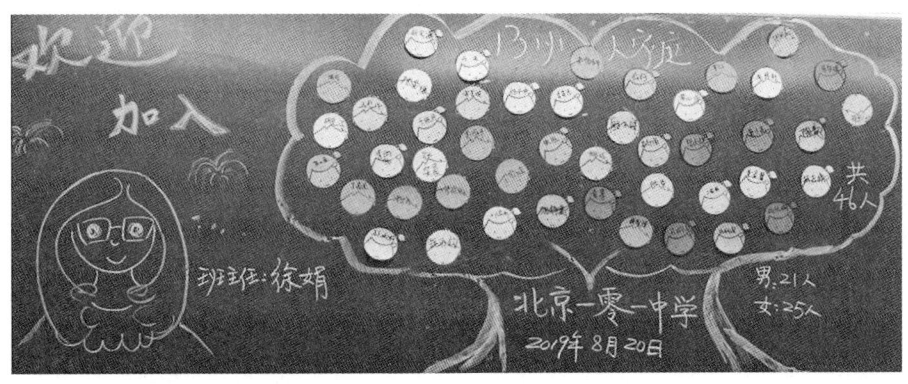

的班级、新的人生阶段充满了希望。很快大家就数出来了，我们班总共 46 人，有男生 21 人、女生 25 人。

在学生们积极配合和参与下，我也被激发出了灵感，轮到我做自我介绍时，我拿起了粉笔，在大树旁画出了自己的简笔画，并写上了“班主任：徐娟”。做完简短自我介绍后，我说我会在大树旁精心维护 13 班这棵大树的成长，并在大树的根基处郑重地写上了“北京一零一中学”，希望全班能在一零一的沃土上茁壮成长，成长为国家的栋梁之材。初次见面我们一起“种树”，种班级之“树”于每位学生心里，一并种上希望与理想。

做自己人生的主人

丁　森

人生的道路难免有坎坎坷坷，在面对困难时，你究竟是郁郁寡欢、祈祷着糟糕的时光尽快过去，还是迎难而上，用实际行动来改变现状？不同的态度决定着不同的人生，而究竟你会成为哪一种，在于自己的选择。我希望我的学生在自己的人生中，无论是顺境还是逆境，都能够拥有化被动为主动的能力，做自己人生的主人。

这一届的新初一一入学，我就发现有相当一部分学生缺乏目标，娇生惯养，做事主动性差。通过家访，我了解了他们的情况，和我想的一样，这部分学生是家里的小太阳，全家人的生活都围着他转，家长为他们扫清一切障碍，不让他们遭受一点点委屈和挫折。这就导致相当一部分学生没有经历过挫折。而入学之后面临的第一个挫折就是期中考试。彼时学生还没淡忘升入市重点中学的兴奋，原本以为进入101中的初中就意味着可以升入本部高中，意味着可以考上好大学，意味着未来可期，而现实是普通班的学生距离考上本校高中部还有相当大的差距，一个班能够有一两名就算很不错了。这无异于浇了家长和学生们一盆冷水，期中考试公布成绩的那一天，明显有一些学生脸上没有了笑容。

在班级氛围十分消沉的早读时间，我满面春风地走进教室，打开

早已准备好的多媒体课件，开始给学生讲故事。故事内容非常简单：父亲上班，母亲单独照顾孩子。一天，母亲忙于家务，年幼的孩子误食了致命药物，送到医院后不治而亡。孩子的母亲陷入了悲痛，父亲赶到医院后却没有责怪妻子，而是对着悲伤中的妻子只说了一句话："亲爱的，我爱你！"学生们听得很认真，都为这位父亲的深爱和伟大所打动。

"一般情况下人们都会被形势牵着鼻子走，而这位父亲却能够在灾难来临时保持冷静，反过来控制形势，是何其的难能可贵。这种行为叫作'前摄行为'。"我对学生们说，"同样，你们也是可以进行选择的。"我停顿了一下，班级里很安静，我接着说："任何人的一生都不会是一帆风顺的，一次考试失败算不了什么，但是，因为这小小的失败就伤心失落，以至于上课听不进去，逃避作业，装作对成绩满不在乎，甚至忘记了学习曾经带给你的快乐——"我用多媒体呈现出一节课上大家笑得最开心的那一刻的照片，学生纷纷陷入了回忆，"那么，你就被困在了失败的牢笼之中，上课的知识点越来越听不懂，父母的表情越来越失望，最终，身边的玩伴也忍受不了你的负能量、你的钻牛角尖、你的拖后腿而离开你。你最终会输给自己的命运。相反！如果你能够善用前摄行为，在大部分人都为考试成绩失意的时候，面对失败，接受它，应对它。现在就开始行动，虚心请教老师，弥补不足，同时鼓励你的朋友，和他们一同进步，那么你一定会收获自己的进步和学习的快乐，收获父母的慈爱，收获满满的友谊，以及面对未来任何困难的勇气。如果每一次面对挫折，你都能想起它——前摄行为，并善于运用它，遭遇困境时反过来控制住局面而不被局面所控制。最终，你将收获自己美好的人生。"

学生们全神贯注地听我讲，目光不再黯淡，动作也不再拖沓，班级上课的状态恢复了，午休时想约去图书馆自习和讨论问题的学生也变多了。当天晚上，就有家长和我反馈说："谢谢丁老师！孩子放学回来有了笑模样！考得不好，这两天自己也上火，压力很大！感谢您的开导。"学生在反思这次考试时，也写道："现在只是人生的第一关，要从宏观的角度看问题，未来的人生中仍有无数道比这更难的坎需要走过去。”

因此，通过前摄行为的案例，我引导学生们懂得：面对挫折，除了失落消沉、逃避现状之外，还可以选择积极的应对方式，善用前摄行为，做自己人生的主人。

心理上的疏导能够改变面对挫折的态度，而战胜困难需要的是坚持不懈的努力和能力的提升，因此前摄行为的养成是一个长期任务。首先，组织一场围绕习惯养成的主题班会，学生通过对自身问题的分析与思考，写下了本学期希望完成的三个小目标。随后启动周计划和日计划活动，促使学生将自己的目标转化为每天的行动。我要求家长配合孩子每周都针对一周计划进行梳理和反馈，设定相应的奖励机制，促使孩子的计划能力逐渐精确到日计划、时计划、分计划。小小的日计划本，既是培养学生养成自我管理好习惯的有力工具，又成为联系家校的纽带。通过家校之间的不断反馈，学生做计划的积极性提高了，还有一些学生还会在周计划上绘制激励自己的漫画。

通过两年的家校联合，能够主动进行时间规划的学生已超半数，他们在各方面均已经表现出明显的进步，即便是刚入学在心理测评中表现为“中度焦虑”学生，也一跃成为班级第一的优等生和老师的得力助手。她对我说，“通过周计划，我学会怎样利用时间。一点点的努力，每天积累，就会有质的飞跃。”她的笑脸也更加自信了。

第四篇　教学有术 以“学”为本

教学有术以“学”为本

陈德收

教学，教学，教学生学。

在教与学的过程中，学生是学习的主体，学生的实践、动作是由学生发出的。事关学习的全过程，都应该是以学生的真实学习为本。

以学为本的原则，学生应该掌握。可现实是学生仿佛已经习惯了听老师的，对于原本该自己发出的行为，却变成了被学习。学生的主体意识需要被强化。学生应该主动预习，主动听课，主动问问题，主动解答疑难，主动做作业，主动复习功课。

以学为本的理念，教师应该坚守。学生的主体意识离不开教师的培养。教师是“传道受业解惑”者，不是代替学生学习的工作者。教师的主导作用要发挥好，不可做越俎代庖的事情。学习是学生自己的事，成长也是学生自己的事。教师能做的、应该做的是履行自己的职责：指导、点拨、引领。

教学有很多方法，像什么听说读写法、问题质疑法、合作探究法、项目学习法等。每一种方法我们又都能细分出若干种技巧、策略等。但这一切都要建立在学生自主学习的基础上。

学生的自主学习是一切教学法顺利、高效实施的前提，离开了这一前提，就有可能本末倒置。

匡正了教与学的关系之后，我们再来分析以“学”为本的问题。学分自主学和指导学两种。

自主学需要学生有学科学习的愿望和兴趣，这是解决学习动力的关键。学习有了动力，方法性的问题就是小问题。

自主学需要学生拥有问题意识，能够慧眼识问题，及时地发现问题、提炼问题、形成问题链、解决问题。可以说，问题的质量决定学习的质量。

自主学还需要学生有探究意识。探究需要思维品质，需要生成结论。探究得越深入，思考得就越通透，学习的收获感越大。

指导学指的是学生在教师的指导下学习，教师的指导功夫应下在学生的思维肯綮处、学生学习的困难时。所谓“不愤不启，不悱不发”，说的就是学生如果不经过思考并有所体会，想说却说不出来时，就不去开导他；如果不是经过冥思苦想而又想不通时，就不去启发他。

作文面批打开了一扇窗

李淑娟

近几年，随着学校管理的规范和整齐划一，我感觉教师与学生都越来越忙，交流越来越少了。学生在校时间已经被早读、午自习、晚自习和课时占得满满的，放学了还要去课外班补课；同时，老师总感觉课上时间紧迫，一边要完成教学任务，一边要抓学生落实。总之，师生之间能说说话、聊聊天仿佛都已经变得很奢侈了，更别奢望能彼此走进对方的内心了！我感觉师生关系是“解惑”（学习内容）多，“传道受业”变得稀缺了。而我与学生交流时间最长的就属作文面批了。我以前给学生面批作文，一上来就直接点评作文问题，一个学生接一个学生，流水线似的；而现在，我除了解决作文问题，更加关注学生的整体状态，运用沟通分析理论，把作文面批现场变成了与学生深入交流的宝贵窗口，“传道受业解惑”兼容并蓄，师生关系有了新的面貌。而这样的变化，受益于一次学生对我的“咆哮”事件。

那天，初一新生第一次作文原稿和成绩下发后不久，Qi同学气冲冲地把作文原稿重重地拍在了我的办公桌上：“你怎么判得作文，我为什么不及格？”我非常吃惊，看着他愤怒的神情，我知道他对作文成绩极其不满意，沮丧达到了极点。我没有表现出丝毫的惊讶与气愤，淡定地朗读一遍作文，认真分析道：“你书写很认真，词汇、句型运用得很准确。”我故意停顿了一下，他的愤怒转变成了更多的困惑。我继续分析：“这次单元作文要求描述房间物品的相对位置关系，练习运用位置介词。你作文第一段文字提到了电脑，第二段整段都在写你爱打游戏，并着重描写了与爸爸打游戏时的快乐场面和感受。而这一段描写偏离了文章主题。你知道问题在哪了吗？”在面批过程中，他的愤怒渐渐消退了，专注于我的分析，待到最后我问他时，他面露一丝愧疚。我知道这一次交流成功了一半。他本想就走，我留下了他。首先帮他分析了作文框架，并强调细节描述要扣主题，叮嘱他认真修改作文，其次提醒他以后注意跟老师交流的方式，掌握与他人沟通的技巧。之后我向学生家长反馈了这一情况，家长反映他在家有时也会撒泼耍蛮，家长都会退让妥协。

这次事件对我触动很深，如今的学生越来越崇尚个性，与师长的关系越发平等、自由，但是缺少了边界感，很多时候不能正常有效地表达自己的情感。源于美国的沟通分析理论认为：一个人所处的自我状态是由儿童状态、家长状态和成人状态组成，并且这三种状态交互存在一个人身上。由此，这构成了人在与他人交流时所具有的多重性特征。那么，这位同学当时又处于什么状态呢？

当 Qi 同学拿着作文主动到办公室时，他的目的是想与老师沟通，解决作文不及格的困惑。从这一点上说，他认识到作文不及格的事实，很重视，对自己有责任感，想理性解决问题，这是他成人状态的体现。然而，他进入办公室后，对老师的态度、表达的言辞与行为动作都十分过激、鲁莽，又过多地表现出儿童状态的消极方面——自控力差、以自我为中心、主观而不是客观看待问题（作文成绩）。他认为老师胡乱给成绩，他耍点儿脾气、小性儿，老师就可以把成绩改过来。经过瞬间的观察，我判断出他的真实需求，并以成人的状态客观理性地解决问题：以家长对自己孩子的宽容态度对待他，认真朗读他的作文，耐心详细地讲评。他不但消除了愤怒，解除了对老师工作的质疑，还对自己的成绩有了客观的认识。另外，我向他证明了师生关系绝不是一种单纯的评判、服务关系。我教授他沟通的礼仪，推荐了几本英文

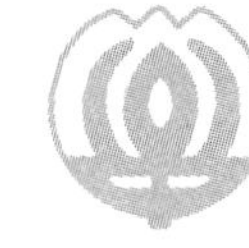

书籍，帮助他提高阅读写作技巧。从后期效果来看，这次交流是十分成功的。他认为我是一位宽容的好老师，课下经常跟我探讨问题，有时还主动找我聊天，英语成绩也有了很大进步！

自此以后，我十分重视面批作文的契机，这不但是我了解、引导、教育学生的重要窗口，也是成就我教育初心的重要窗口。通过与学生充分交流，我能了解学生的多样需求，实现自己的教育教学价值：正确引导学生，优化教育质量，为学生的可持续发展做好垫脚石、铺路砖。

掬水月在手

——用大爱做小事

袁艳丽

合上书页，斜阳透过纱帘恰巧照在封面上。它静静地躺在书桌上，任由温暖细碎的阳光在身上恣意流淌。《我的教育勇气》，一本让我平静的心湖涌起涟漪的书，将我的思绪引向远方……

2014 年 11 月的一个星期五。

清晨，橘黄色的朝阳散发着温柔的光辉，丝丝清凉的微风摇动着坚守在初冬枝头最后的枯叶。荷塘里的鸭妈妈正站在水中“别墅”的庭院里，悠然自在地看着鸭宝宝们在塘中嬉戏玩耍。荷塘里的粼粼波光此刻在阳光下熠熠生辉。早起的学子们已陆陆续续走进了校园。这是一个清新、宁静、恬适、温馨的早晨。拂面的微风，预示着天高云淡、秋高气爽的一天向我们走来。

上午的前两节是初二 5 班的语文课。按照教学计划，这一天学生要在课堂上完成一篇题目为“我用心去____”的半命题记叙文写作。横线处要求学生自己填写感受，作文要求之一是要写出自己的真情实感。

作文纸发下去后，教室里很快就变得鸦雀无声。学生们个个奋笔

疾书，我则在讲台上批阅学生们的随笔。时间在滑动的笔尖下流淌着。抬起头，我看见坐在前排的尧正双手抱头对着作文纸一副百无聊赖的模样。我轻轻地叫他过来。尧磨磨蹭蹭地来到讲台前，脸上的表情写的是不情愿。

“这么久了，你为什么还没有动笔写呀？”我关切地询问。

“老师，你出的这个题目不是难为人吗？像我这样‘缺心少肺’的人，哪能写出来‘用心’的作文呀！”说这话时，尧的脸上显出一副七个不服、八个不乐意的挑衅神态。与此同时，他还对闻声抬头看着我们的同学做了个鬼脸。

满脸雀斑的尧在这个班集体中是个特殊的音符，人称“小怪物”。这个绰号不仅仅缘于他经常做出怪异的表情，说话时有意无意地发出“小怪兽”的声音，还缘于他与众不同的举止——他曾经不服班主任管教公开和班主任顶撞，曾经在课堂上对着全班同学直言因为自己“傻”所以不用回答问题，上学期在写作课上专门写了一篇诋毁班主任的作文，最近听说他又在和物理老师作对，扬言“只要他教物理，我就不好好学习”……凡此种种，这种事情发生在尧的身上，大家都早已见怪不怪了。看来，今天他是瞄上我了，要在我的语文课堂上显现他的神威了。

看着他歪着肩膀、梗着脖子、一脸满不在乎的神态，我的血一下子从脚底涌向头顶。我坐在椅子上深深地吸了一口气，然后静静地看着他。几秒钟后，我感觉自己已经冷静下来了，并且能够很好地控制自己的情绪。我给他拿了把椅子请他坐下，他也毫不客气，坐下后还显出一脸的得意。我们之间的交谈就是这样在课堂上、在讲台的后面悄悄地开始了。

我不动声色地平静地说：“尧，在我的班里像你这样有个性的学生不少，但是，还没有哪一个学生和老师这样讲话。为什么呢？因为他们知道谈话是为了沟通，是为了解决问题，而不是为了赌气和泄愤，我的观点你认同吗？”

听我和颜悦色地跟他讲话，坐在对面的尧似乎不笑了，只见他默默地点了点头，表情严肃了许多。我知道我们之间的谈话可以进行下去了。

“尧，你真的认为自己是一个‘缺心少肺’的人吗?”我盯着尧的眼睛问道。

“嗯。”他嗯了一声，但并不回避我，他的眼睛在一直和我对视着。

“那为什么我和你接触快一年半了，你的这个特点我一直都没有察觉到呢?是老师感觉太迟钝了，还是你本来就不是一个如你自己所说的‘缺心少肺’的人呢?”

听了我的话，尧的眼睛闪动了一下，他虽然依旧直视着我，但目光中已然缺少了刚才的对抗、固执与顽劣。

“我先谈谈我对你的看法吧。”于是，我开诚布公、直言不讳地切入主题。“你在我的心目中，一直是一个有着特殊阅读能力和理解能力的学生，你真实的内心世界其实特别渴望与人沟通、与人交往。你希望有自己的好朋友，你想和别的同学一起玩耍，这些对别的同学来说是很容易的事情，对你而言却是一个难以实现的愿望。为什么呢?原因很简单，你不知道如何去和同学交往，你的举止常常不被同学接受，于是，你选择了另类的行为方式，目的是引起同学对你的关注。其实你的内心非常孤独。”

我的话还没有说完，只见尧的眼圈开始发红，渐渐地眼圈里充盈着泪光，他依然看着我，并且努力地瞪大眼睛，极力不让眼中的泪水溢出来。但此时我看到了他内心深处的波澜，我知道我的话说中了他的痛处。其实尧是属于外表顽劣、内心脆弱的一类孩子。于是我进一步说：

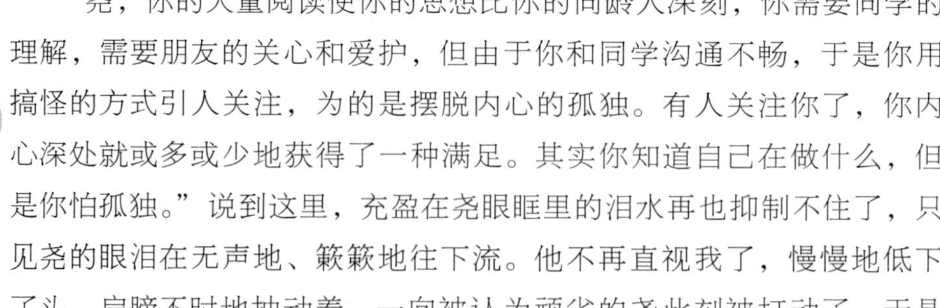

“尧，你的大量阅读使你的思想比你的同龄人深刻，你需要同学的理解，需要朋友的关心和爱护，但由于你和同学沟通不畅，于是你用搞怪的方式引人关注，为的是摆脱内心的孤独。有人关注你了，你内心深处就或多或少地获得了一种满足。其实你知道自己在做什么，但是你怕孤独。”说到这里，充盈在尧眼眶里的泪水再也抑制不住了，只见尧的眼泪在无声地、簌簌地往下流。他不再直视我了，慢慢地低下了头，肩膀不时地抽动着。一向被认为顽劣的尧此刻被打动了。于是

我拍拍尧的肩头，对他说：

“你还记得你曾经写的那篇诋毁你班主任的作文吗？”他抽搐着点了点头。

“那一次我们谈完话后，你曾问我会不会把作文给班主任看，我说我不会，我相信你已经认识到自己的问题了，我履行了我的诺言。”

“我知道。”他依然抽搐着低着头，声音很低地回答道。

“孩子，请不要轻易地糟蹋自己。你是个有思想的孩子，我虽然不是你的班主任，但我是你的语文老师，你是我的学生。如果你信任我，在你没有找到更好的倾诉对象之前，你可以把我当作你的朋友，或者就当作倾诉的对象，我们订立保密协议，你我之间说的话谁都不许外传，怎么样？”只见尧慢慢地抬起头，泪光盈盈地望着我，刚才对抗、顽劣的神情不见了，眼神中写着感激与渴望。他默默地点了点头。于是我对他说：“回到座位上去写作文吧，你的眼泪已经告诉我，你不是一个‘缺心少肺’的孩子，恰恰相反，你是个有情有义的孩子，拿起笔来，写出你的真情实感吧。”

只见尧默默地站起身，顺从地回到了座位上，拿起笔来，开始在作文纸上写起来……

两节课后的课间操时间，班长宇来到我的办公室拿东西，她看到我后非常神秘地问我：“袁老师，你是用什么办法把尧弄哭的？一直以来我们所看到的尧，就像一个小怪兽一样，不停地和老师顶撞、和同学冲撞，即便是受了伤，也从没见到他流过眼泪。太神奇了，他刚上讲台时一脸的不服气，当时我还在想老师这回你可麻烦了。可是当我再一抬头时，他的眼圈红了；我又一抬头，他的眼泪流出来了。您也没和他发火，就这样轻声细语就把他给说哭了，太神奇了！老师，您能告诉我您跟他说了些什么吗？简直是太神奇了！”宇在我的办公室里连连重复着“简直是太神奇了”，弄得办公室的其他老师云里雾里、莫名其妙。

看着宇连连惊叹的样子，我微微地笑了一下，然后对她说：“理解和爱。”

另外，在当天的语文课堂上，尧并没能按时完成作文，下课后他对我说能否允许他回家完成，我欣然同意。这在以往简直是不可能的事。周一早晨，我进到办公室不久，门口就探进一个小脑袋到处张望，是尧。他递给我两张A4纸——纸上密密麻麻地码放着文字，像一群走投无路的小蚂蚁，看上去让人感到有些眩晕。他很正经地说："老师，我写了三千字，是不是太长了？可能不符合您的要求，但的确是我的真情实感。"我接过尧递过来的A4纸，用充满惊喜的语气对他说："真是太了不起了！你竟然写了这么多文字！你真是'不鸣则已，一鸣惊人'呀！继续努力！继续努力！"说着我用力拍了拍他的肩膀，传递给他我的高度肯定。

在尧转身离去的那一瞬间，我看到一丝笑意在尧的脸上荡漾……

这是我从教第23年发生的事。从教以来，我一直试图做一名好教师，那么一名好教师意味着什么？我认为好教师不仅有丰厚的学养和过硬的教学水平，更要有一颗爱学生的心。教育的灵魂是爱，那么了解学生就是我们爱的基础。因为了解，才能理解；有了理解，才能尊重；有了尊重，才有信任；而有了信任，才能产生爱。

每一个孩子都是鲜活的个体，都有独特的内部世界和外部世界。无论他们以何种表现形式呈现在你的面前，我认为那永远只是表象，孩子内心深处永远是澄清且充满了渴望。时刻都不要忘记我们自己也曾经是个孩子。因此，我们这些身处一线的教育工作者，要教育和培养学生首先要从了解学生入手。当我们用耐心和爱心走进孩子的情感世界，去了解、理解和感受他们内心的真实与渴望，把他们纯真的心灵轻轻地捧在手中，予以真诚、爱心、理解和宽容时，相信他们就一定能够回馈我们一轮朗月。

特雷莎修女说过："我们做的从来不是大事，只是用大爱做小事。"

教师的职业就需要我们用大爱去做小事，于人释放的是爱和真诚，于己收获的则是幸福与温暖。教育勇气也许就来自这份爱与真诚。

掬水月在手，内心清朗，眼前光明。

立足点上求平等，于出头处谋自由

伊海静

苏霍姆林斯基说："每个孩子都是一个完全特殊、独一无二的世界。"年轻、幼小的心灵需要精心呵护，因此我们要走进他们独特的个性世界，对他们加以引导和帮助，给以悦纳和肯定，予以延伸和发展，让每一个学生都享受到爱的阳光雨露，让每颗心灵都在温暖、自由、宽容的环境中健康成长。

粉笔和铅笔的连接开启了师生之路，而每一段旅途都有一段动人的故事，本文故事的主人公是集沉默、可爱、敏锐、智慧于一身的小 Q。

2018 年 9 月，给 3 班上完第一节课，对小 Q 没有任何印象，课后跟其他老师聊天，也没有人提到小 Q，第一次见到她的名字并记住是在未交作业名单中。

当我在课上询问时，大家都主动说明了原因，当我问到她，她支支吾吾半天什么都没说。当时我对她的了解为零，所以只要没交作业的都要求放学后自己补上，并按班规扣除相应分数。第一次打交道到此结束。

第二次收作业还有个别学生没有交，包括小 Q。没交作业的就补画草履虫吧，这个小动物是大家学习的难点，画几只自己决定但必须说到做到。课上有人表态说画 3 只，最多的主动申请画 8 只。小 Q 想了想说她画 5 只，出乎我的预料，我以为她会继续保持沉默。

第二天早上，小 Q 真的在本子上画了五只草履虫，彩色的，非常好看，不夹带任何负面情绪，每只画的都是一样的认真，这是第一次她交了令人满意的作业，而且很守信用。我悄悄在她笔记本上贴了一张贴纸，心里默默猜测估计她也看不到，看到了可能也会无动于衷的。

又到了她班的课，课间仍然不会像其他同学一样主动找老师聊天，课上不注意的时候，她又在画画。下课后我准备离开教室时，她侧面对着我，一只手半遮着脸冷冷地跟我说："贴纸也太可爱了吧！"我完全没听清，我连问了两遍终于听清了，竟一时喜悦不知道该说什么了，就反问了一句："你喜欢吗？"她说："嗯！"

本来我打算继续观察她几天，结果她开始认真记笔记，做题的时候也是史无前例的专心，但上课仍然什么问题都不回答，期中考试前的复习，我看了她的卷子，写得还不错，能看得出是一个聪明伶俐的孩子。期中考试她得了 75 分，她自己貌似很满意。有一次她认真交了作业后，发现我忘记给她贴纸了，下课跑过来跟我说我欠她一张贴纸，于是我找了机会专门挑选了一张拉小提琴的贴纸送给她，因为我知道她喜欢拉小提琴。

她上课有了明显的笑意，得到认可后的满足感油然而生。后面的学习她就没有太让我担心过，上课时都积极认真。直到有一次小测验时，小 Q 超过了大多数人，她得了满分，这让好多同学大为吃惊，我也借此机会表扬了她。以后的每一次考试基本都是 90 分以上。

2019 年 1 月，她主动举手讲了一道很有难度的题，声音小到所有人都屏气凝神才能听得清，但我问大家是否听明白了，所有人都真诚地说"听懂了"，小 Q 满意地坐下了。下课后小 Q 拿着生物书来问问题，她发现了整张卷子中最核心的两道题的矛盾点向我求解，而这个问题除她以外，没第二个人发现。

2019 年 9 月，我没能继续再教小 Q，直到现在一年过去了，小 Q 成绩依然不错。我想老师最大的成就并不是让学生喜欢上自己，而是

喜欢上所教的学科。我不再教她了，可是她仍然是她，一个不太爱回答问题、不太爱跟人打交道的孩子，唯一改变的就是她热爱生物这门学科了。

在短短的几个月，每周只见她三次，看起来好像只是一张贴纸的功劳，但事实上，改变我们师生关系的是老师给予学生的关注和认可。我将体会总结如下：

细心观察，保持距离，等待时机。每个孩子千差万别，不能通过一个冷漠的眼神或者一句挑衅的话语就轻易对学生做出判断，应该有充分的时间观察和了解。就像种花木一样，区别不同情况给予施肥、浇水，了解了学生的个性特征后，再选择合适时机拉近距离。

主动示好，搭建通道，正向激励。在喜欢自己的人面前人会显得格外自信、自然、自如。如果学生天性内向，老师不可以向学生主动示好吗？老师的示好定会顺利拉近师生距离，形成良好的沟通途径。只要师生之间有交流，所有要求和措施就好落实。充满积极因素的激励，不管是来自他人，还是来自自己的心灵深处，都能给我们带来无穷的力量和智慧。它永远像我们生命中的一块块砺石，能让我们的生命之剑保持住无坚不摧的锋利。

以人为本，因材施教，人人发光。教师要有强烈的责任感和使命感，不仅要帮助学生顺利完成学业，更要关注学生的个性优势和性格弱点，要做到以人为本、因材施教，时时事事处处为学生的发展着想。世界上没有才能的人是没有的，问题在于教育者要去发现每一位学生的禀赋、兴趣、爱好和特长，为他们的表现和发展提供充分的条件和正确引导。教育家陶行知说过：人像树木一样，要使他们尽量长上去，不能勉强都长得一样高，应当是立足点上求平等，于出头处谋自由。每个学生都是特别的，也都是发展中的个体，教师应充分给予学生追求个性发展的自由，也应该尽自己最大努力去帮助学生挖掘潜力，迎来出头之时，找到出头之处。

因为喜欢，所以愿意

丁晓丹

工作第一年第一学期的期末，接到通知从下学期开始我担任高二9班的语文老师，突然的临危受命让我紧张不已。对新老师来说，半路接班本就比较难，何况还是接手即将升入高三的班级。寒假中，我做了不少准备工作，跟班主任和之前这个班的语文老师做了交流，大体了解了这个班学生的整体情况和教学进度，也根据高二下学期的教学内容备了一些课。怀着忐忑又紧张的心情，我迎来了新学期。

新学期的前几天进行得比较顺利，转折点出现在第二周的星期二。因为对班里的孩子都不太熟悉，我就通过点学号的形式请学生起来回答问题，当我点到12这个序号时，等了几秒钟才有一个女孩子慢慢站了起来，吞吞吐吐半天也没说出来什么，我让她坐下再想想，也就没有多想。后来我布置了小组讨论，在巡视的过程中，猛然发现这个女孩子在偷偷地抹眼泪，我连忙问她怎么了，她一边哭一边对我说："老师您以后不要叫我，也不要叫12这个序号，我语文特别差，我觉得这样很丢人。"她越说情绪越激动，我连忙安慰她，并在下课后跟她聊了很多。从与她的交谈中，我得知一直以来语文成绩差已经让她在自己和语文学习之间设下了一道藩篱，这种固有的刻板印象使她不敢也不愿学习语文，用她自己的话说——"反正怎么学也学不好"，不喜欢导

致不愿意学，不愿意学就更学不好，学不好又会导致更深层次的不喜欢，这个死循环就这样无声无息地进行着。后来，我又跟班里的其他同学聊了很多，发现也有其他孩子面临这种情况，长久以来的学不好已经使他们失去了学好的信心。但是，我决定试一试，去为这个循环打开一个出口，试图让更多的孩子喜欢上语文。

喜欢的第一步是享受愉悦感。有一天下课后，好多孩子都涌到了一个孩子的桌子边，我问他们发生了什么事情，他们说今天是这个同学的生日，他们都为他准备了礼物。我突然灵机一动，生日对每个人来说都是最重要的日子，我能否用语文老师特有的方式为他们送一份生日礼物呢？名字、汉字、对联……对，就是这样，回去我就写了一幅嵌名联发在了语文学习群里，并@所有人来为他送祝福，这个孩子看到后特别感动，班里其他孩子也很开心。此后每一位孩子过生日我都为他们写一副嵌名联，虽然无形中增加了自己的工作量，我却一点儿也不觉得辛苦。再后来我号召他们也加入进来为过生日的同学送上自己特有的祝福，把语文融入生活，让生活变得语文化，我想这是喜欢语文的途径之一。

一次偶然的机会听到两个女生在聊天，一位说："老师今天表扬我的发言时我真的好开心，老师还说让我再整理一下发言的思路写下来交给她。"另一位女生说："好羡慕你啊，老师都好久没让我发言了。"我听了之后感觉很震惊，开始反思自己平时在课堂上提问和表扬的方式。班里有几个男生比较活跃，在课堂上问问题时，他们总是很踊跃地回答，无形中我的课堂问答中成了我与他们的交流，其他人不知不觉就变成了课堂的旁观者与观众，没有参与感的听课效果一定不好。同时我也发现自己不太爱在课堂上表扬学生，一般发完言就让他们直接坐下了，很少对他们的发言做出评价。对于学生来说，老师的肯定与鼓励是增强他们信心的最好方式。这或许就是孩子们课堂不爱发言的原因。从那之后，我在课堂上开始有意识地提问不同的学生，他们的发言只要有一点儿值得肯定我就会大力表扬。慢慢地，效果开始突显，课堂中愿意发言的孩子数量变多了，经常有争论和思维的交锋，而这时站在一旁看热闹的我感觉由衷地欣慰。

此外，我还根据语文教学内容来创造各种机会让孩子们真正爱上语文。学习选修教材现代诗歌版块时，我在班级里组织了诗歌朗诵大会，并请孩子们走上讲台、讲解诗歌；平时在公交站、地铁站看到好的广告牌，我都鼓励他们拍下来发在语文学习群里跟大家一起分享，并说说这则广告做得好的理由；“三七女生节”的时候，我会为孩子们展示大学里各个学院的男生为女生写的条幅，并鼓励班里的男生也为女生写一些祝福的话……我只是想告诉孩子们：语文与我们的生活并不遥远，它并不只是成绩，它是生活，是生命。慢慢地，我与孩子们之间的距离拉近了，他们也越来越愿意与我分享他们的想法、生活，我们的关系与其说是师生，不如说是朋友。

反思：愿意来自喜欢，喜欢来自期待，当班主任告诉我好多孩子愿意去讨论诗歌并期待着上语文课时，那种幸福感真的无法用语言来表达。我始终相信，作为一名老师，让学生真正爱上自己所教的科目才是最能证明自己能力和水平的。每个孩子都是一座挖掘不尽的宝藏，我们要做的就是找到合适的切入口打开这一座座宝藏，让他们的灵感、想象力与热情都涌现出来。当然，有了发自内心真正的喜欢，成绩的提升也一定会是水到渠成的事情。

以心为田　光影随行

——我和学生在摄影课内课外的故事

魏立柱

从教30年，我常常在想：教师和学生之间最好状态究竟应该是怎样的呢？很多借以比喻师生关系的经典句子不绝于耳："师道尊严"，古已有之；"严师出高徒"，老话如雷贯耳；"教师，是人类灵魂的工程师"，宏大高远。然而在我看来，真正的教育要参与到学生的生命中，形成情感共鸣，最终用老师的心灵点亮学生的心灵。而能够对学生产生深入心灵的影响的前提是，教师必须有一个接纳的胸怀，尊重学生个体差异，接受学生本有的个性。每个人都是独立的个体，教育者影响、帮助学生成为更好的自己，这才是最好美好的教育状态吧！

想到这里，一个曾经教过的学生的名字忽然出现在脑海里：小L，他是我教了六年的学生。整整六年时光，对他来说，是整个中学时代。于我而言，是我迄今为止的五分之一的教师生涯中教过的几千学生中的一个。小L，个性很强，由于淘气令很多老师生畏生厌，之前所在的班级似乎也容不下他的个性，中途还被调了班。似乎什么好事都和他无缘，什么不好的事都会被安在他的头上。班级装了摄像头，被衣服遮住了，第一怀疑就是他干的。但他也确实不是一般地令人头疼，据他说初中时就潜入学校网络系统里溜达，还说学校网络不堪一击。他因与众不同和调皮捣蛋屡遭打击，之后逐渐失去了自信。而他恰好是我美术课的课代表，刚见到小L时，他显得有点桀骜不驯又蔫头耷脑。了解到他的一些情况之后，关注到他非常喜欢摄影，我就想了一些方法，借此机会来鼓励他。比如，我给他们的摄影兴趣小组设计了在暗袋里装胶卷的比赛，他取得第一名，50秒钟完成（这个记录至今没有被其他同学打破）。在这个过程中，我发现他的观察力和动手能力超强，就在课上课下特别给予了他很多鼓励。小L有了自己坚持的东西，有了老师的认可与接纳，他的自信心也逐渐回归了，学习与生活中的很多状态也是越来越好。摄影课上的小L，得到了来自老师的一束光。他的所长被照亮、展示在同龄人面前，他重拾自信。在中学毕业后，小L一家和我一直保持着联系，我鼓励他考研，他也真的非常努力，不负众望。如今他已经定居德国，自己在德国读博，还娶了医学博士，生活状态非常稳定。摄影的爱好一直伴随着小L，摄影技术也是越来越好，每拍到满意的照片就与我分享。这孩子品行特别好，每年回国都看我，感觉他就像我自己的孩子一样。在与小L母亲一次通话时得知："小L说了，将来自己挣钱了先得给魏老师买辆汽车。"我特别感动和欣慰，我们当老师不求学生的回馈，但听到孩子说出这样的话，足见他的真心和对老师的感激。

我所遇到的个性十足的学生不止小L一个，他们往往有特别好的艺术感知力。在我的摄影课上，我用心观察孩子的细微的变化，启迪他们独特的艺术心灵，竭尽所能给他们提供展示自己才华、表达自己所长的舞台。在我看来，一个教育者不能因为一个学生的格格不入而放弃他。每个人都有自己的不足和长处，应该努力发现，这是我们教师的职责。纵观历史，那些取得非凡成就的人都是有个性的。梵·高若不是坚持自己的个性，也不会创造出绝世的画作，可见有个性的学生是多么难能可贵。有幸，我作为一名艺术学科的老师，恰好有条件去保护这些可贵的个性，让个性成为孩子终身成长的生长点。

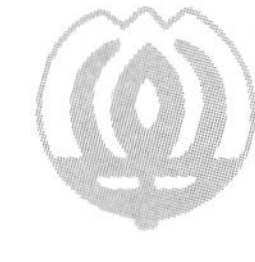

上课之余，我会主动给学生拍摄照片。光影之间，一张张个性十

足的面容定格，这画面凝聚着我对一个个鲜活生命由心而生的热爱。从2011年开始，我为摄影模块课的学生拍摄大画幅照片，每人每年拍一张，记录他们的成长。今年已是第十年拍摄的学生有许新月、李沐宁、李妍锐、朱瑞文等。如今他们有的已经大学毕业参加了工作，有的考取了研究生继续学习，但一直坚持回校进行拍摄活动。随着时间的进程，有的带着男朋友回来拍，有的带着父母回来拍。今年夏天许新月结婚，其中中学校园是其婚纱摄影场地之一。将来一家几口人一起回学校拍合影，想想都是一件特别美好的事情。我打算一直拍下去，

能参与学生生命中的这份美好，深感幸福。

当教师久了，经历很多，感悟也颇多。教师的角色真是至关重要，帮助学生建立自信心非常必要。责任与担当，不应该是一句空话，但想真正做到，则需要教师俯下身来，倾听学生的心声。作为美术教师、摄影教师，我能做到的就是热爱学生，尊重每一个生命的独特性，把对摄影的热爱传递给学生，而他们能够把摄影当作记录自己生命征途风景的工具，记录他们的喜怒哀乐和对生活的感悟，这就是我们师生共同的收获。以心为田，光影随行。

思政课可以让学生享有“心流”

李　杰

作为一名高中思政课教师，我一直在想，我们的思政课堂能否像网络游戏一样紧紧吸引学生，也让学生沉浸其中？最近，我读完美国心理学家米哈里·契克森米哈赖写的《心流：最优体验心理学》一书后，仿佛找到了问题的答案。

学生玩网络游戏时全副身心投入的状态就是米哈里所说的“心流”。心流，指的是当人们沉浸在当下，着手与自己能力匹配的事情时，全神贯注、全情投入并享受其中而体验到的一种宁静愉悦充实的精神状态。这种沉浸于事物本身、享受的内在满足的“心流”体验，米哈里认为这是人的最优体验。

如何在思政课教学实践中，把学生带入“心流”这种最优体验之中？根据“心流”产生的条件和二十多年的教学实践，我们可以从以下几个方面努力。

一、设置贴近生活的适切情境

“好的开始是成功的一半”，课堂教学亦如此。一堂引人入胜的成功思政课，必须在开始就能抓住学生的注意力。思政课可以通过设置贴近生活的情境，引导学生关心社会，将学科理论知识运用于分析解决生活中真实的问题。

什么样的情境对于思政课而言是适切的？一是要蕴含学科知识；二是要富有德育价值；三是要融入情感因素。

比如，笔者在疫情期间讲“中国共产党：立党为公，执政为民”这一内容时，通过播放视频的形式创设了这样的情境：上海华山医院感染科主任、党支部书记张文宏说：“我做出了一个决定，去抗疫一线的医生全部换上党员，没有讨价还价。”借助此情境，让学生思考，你认同张文宏医生的决定吗，为什么？你愿意成为一名共产党员吗，为什么？因为当时正值疫情，社会上对张文宏医生的这个说法甚为关注，学生的情绪被调动起来。这样的情境能紧紧抓住学生的注意力，为“心流”的产生提供了条件。这个情境不仅蕴含了学科知识，比如中国共产党的性质、宗旨、党员先锋模范作用，还富有德育价值，让学生充分感受到共产党员在生活中发挥着先锋模范作用，从而对党组织产生向往。借助这样的情境，学生产生了“心流”，我们也在悄然中实现了“铸魂育人”“立德树人”。

二、提出富有思辨的开放型设问

米哈里认为：“所有心流活动，不论涉及竞争、投机还是其他形式的体验，都有一个共同点：它带来一种新发现、一种创造感，把当事人带入新的现实，简单地说，它把自我变得更复杂，自我因而成长，这就是心流活动的关键。”如何让当事人有新发现、新创造，让他们在思维活动中获得成长？马克思主义哲学认为矛盾是事物发展的动力。学生思维的发展需要引发思想上的矛盾冲突。

如何有效激发学生思想上的矛盾冲突？经过教学实践，我发现行之有效的做法是提出富有思辨的开放型设问。相对于有固定的答案的封闭式问题，没有固定答案的开放型设问更能激活学生的思维，因为学生不担心自己答错，同时他们作为思维者的主体作用也会被充分调

动起来。思辨型的开放式设问最受学生欢迎，因为思辨性问题自身就存在矛盾冲突，更加激发学生探索的欲望。

笔者曾经提出过这样几个思辨设问，取得了比较好的教学效果：在讲“实现人生价值”时，让学生讨论：付出没有收获，我们是否还要坚持？在讲“马克思劳动价值论”时，让学生思考：疫情期间出现的“共享员工”现象是权宜之计，还是大势所趋？这样的问题，学生可以有不同的观点，但是必须运用学科知识逻辑论证自己的观点。这个过程，学生的思维被充分启动，他们不仅在运用学科知识的过程中提升了学科能力，而且也享受到投入思考带给他们的最优体验——“心流”。

二、开展启思善诱的真诚对话

如何让“心流”产生以后保持较长的时间？开展“启思善诱”的真诚对话是一个好做法。启思就是要继承发扬孔子的启发式教学。在与学生的对话中，不能把现成的答案直接呈现在学生眼前，而要做到“不愤不启，不悱不发”，让学生自己经历一遍知识的生产过程。善诱也就是学习借鉴苏格拉底的“产婆术”，正如苏格拉底所说：“我教不了别人任何东西，我只能促使他们思考！”我们要通过不断地反问、追问、诘问，让学生自己反思自己的思想是否正确，通过独立思考，自己寻找到问题的正确答案，不断深化对问题的认识。真诚是指师生的对话不是居高临下的，而是平等的，教师与学生携手探索未知的世界。

打造师生共享“心流”的思政课堂像极了酿米酒。酿米酒需要新鲜糯米等食材，然后将其蒸熟。打造师生共享“心流”的思政课堂也需要将新鲜的时政素材加工成学科教学的适切情境。“酿米酒”的关键是把握好温度，将酒曲拌入糯米中。提出富有思辨的开放型设问，就像在适切的情境中“拌入酒曲”。开展“启思善诱”的真诚对话过程就像米酒发酵的过程，在这个过程中师生之间、生生之间的思维碰撞、交流，产生出智慧，就像糯米变成了“金浆玉醴”。让我们一起努力，将一堂堂思政课酿成“金浆玉醴”，让师生在“心流”中沉醉不已！

带学生仰望古人的智慧

曾　旭

在高中年级开设古代壁画临摹选修课已经有几个年头了，开始时只是了解基础的壁画绘画技法，如今能够完整临摹一些古代壁画作品，学生也完成了从开始的不惑、不解、不敢到放心大胆、开心满足地完成作品的转变，学生的心中燃起了喜爱传统绘画艺术的小小的火焰。

上学期，我开始带学生以原大的方式临摹山西永乐宫元代道教壁画。在顺着墙挂起来的庞大的画面之前，学生们有的蹲在地上，有的伏在桌上，更有甚者跪在画前，用心揣摩画面中的某一个局部。我记得有一天，因为高一年级有活动，只有一个学生能够来临摹壁画。当时，一整张丈八的宣纸都吸附在墙壁上，学生为了画好人物部分，长时间跪在画前。看到画面与学生个体的巨大反差，一刹那，我感觉到了天地、人神、古今的共鸣！

“休息一会儿吧，别太累了！”我对学生说。

“没事，再画一会儿吧。”学生一边说一边用纸巾擦了擦脸颊上的汗。

后来，学生跟我讲：“老师，我从来没有觉得古代的作品是这么的伟大，当我站在画的面前，真的感受到一种古人智慧的，强大的气场！而我面前满眼都是翻飞的线条，都是精美的神仙形象，真的有一种想要顶礼膜拜的崇敬感受。实在是叹为观止！”在那个下午，我们俩一个站在高高的梯子上，一个跪在画面的下方。也许这就是影响，这就是传承！把一个老师对壁画、传统绘画艺术的热爱，通过同画一件作品传递出去，让学生感受壁画艺术的魅力所在，感受中国古代匠人独特的造型艺术，感受中国道教题材的繁复与大气。在那个下午，我们几乎没有太多的语言交流，两个人都是静静的，只能听到笔在纸上留下沙沙作响的声音……更多的时候，我们是在用心与这件作品交流。所以那个下午，我们都觉得时间飞快，甚至有一个瞬间，感觉我们穿越到了元代，我们就是在画永乐宫壁画的一个画匠，我们一起相互协作完成这件鸿篇巨制。这幅画不是我们临摹的，而是我们即将要创造完成的一件崭新的作品。我想这就是我让学生画原大尺寸的壁画作品的原因，我想让同学们感受到：在那么宏大的画面中，或者说在那么庞大的一个世界，我们人其实是一个非常渺小的个体。我们在画一幅大型的壁画的时候，我们能感受到人与自然的关系，我们能感受到人与天地、与社会和谐共存的方式。

所以，那个下午我久久不能忘记。虽然说我们画的画面是有限的，但是那种感受我相信那个学生也是记忆深刻的。因为在这样一个安静的下午，我们完成了一次心灵的穿越，我们完成了一次心灵的洗涤，用古人的智慧来反思今天我们在这个世界上的生存意义。所以，我觉得一门选修课、一幅绘画作品的临摹，不单是向古人学习技法、绘画的思路，更多是感受古人对世界、对生存的一种看法。我觉得学习绘画作品，画得好与坏并不是主要的问题，最主要的是如何从绘画中体会到古人的智慧、思想。

事后，这个学生跟我讲，下学期她进入高三之后，就没有办法继续参加壁画临摹工作了，但是她很高兴能够在壁画作品中留下自己的一笔。她希望我能够继续让她留在选修课的微信群里，能看到整个画面一步步完美呈现。我想，这幅画在她的一生中都有着非常重要的意义！因为她曾参与过一个庞大的壁画临摹工程，她曾为这个工程付出了努力！

其实，绘画过程的快乐远远大于作品完成的快乐。通过绘画，我给学生们打开了一扇小窗，让他们透过这个窗子体会几百年前古人的思想、处世方法，以及古人对于生活、自然的感受。这就是我开设高中古代壁画选修课的初衷。我很享受绘画教学的过程，因为每一次都是带着学生穿越千年，每一次都能仰望古人的智慧！

“和而不同”的班主任与家长关系

马宏欣

在人与人交往中，特别认可一句俗语“好邻居不如好篱笆”，它通俗易懂地点明：边界意识是文明社会交往的重要原则。班主任和家长的关系，也是人与人的交往，但是，因为涉及学生的成长问题，这种关系在变得越来越重要的同时，也变得越来越复杂。

曾担任某班班主任，某班是家长心目中很重要的一个班级。当时，从考试角度来看，初中思想品德学科不是中考科目，仅仅担负毕业会考的功能。一位非中考科目的老师担任班主任，家长心中的怀疑和不满意是可想而知的，尤其相邻三个重要班的班主任都是中考科目老师。基于此，随后发生的几件事也就顺理成章了。

新学期刚开始的第一周，第一个节日就是教师节。记得教师节那天，早晨七点到教室，有两位家长等在门口，递过来一大沓厚厚的贺卡和一个U盘，非常清晰地说明了三件事儿：其一是家长自发成立了班级家长委员会，已经在着手制定班级管理的规划和制度；其二是家委会组织班里学生赶制了贺卡，以表达对老师的祝福；其三是U盘里保存了部分学生的祝福视频，请班主任送到学校网站播放。

教师节第二天，又有一位家长让学生带来冰糖和金银花、干菊花等，还有一份如何煮制金银花饮品的详细说明，指导班主任煮好饮品

后分配给学生饮用，以防止秋季感冒。指导说明里没有称呼做开头，也没有感谢做结尾。

之后发生的，就不一一赘述，这几件事的共同特点是：家委会布置任务，班主任去完成。

对于前两件事儿，我利用中午时间向学生集中说明了如下几点，并拜托他们回家后详细认真地转达给各自的家长。

首先，感谢家长对本班管理和建设的努力和付出。

其次，祝福视频送到学校网站，是否能播放由学校决定。同时，今年的贺卡，不能送达给老师们，一个重要的原因是刚开学不久，我们和老师们的感情需要日积月累，情由心生，明年的教师节，由学生自己把贺卡送出去。

再次，作为成年人，请家长在写给老师的所有信息里，注意开头和结尾，没有称呼和结尾以及署名的信息，一律不回复。

最后，涉及食品安全的事情，请家长考虑周全。班主任是老师，有自己教学任务和管理班级的任务，其他的吩咐请暂停。

这些事情的发生，一方面说明家庭对班级教育的高期望，同时，也说明由于高期望，家校合作教育需要边界意识，否则，就容易发生如上的定位偏移、界限模糊导致的尴尬和低效。

事实上，学生的发展首先是自我成长和自主教育，在尊重这个前提下，家庭、学校和社会三方面共同给予学生相应的指导和教育。在学生个体人生发展的不同阶段，这三个方面的分工和作用会有所侧重，但始终需要分工合作，达到某种程度的平衡。从尊重学生发展的角度出发，家校合作最重要的前提是理解和信任，班主任和各学科老师，以及家长，各方都要厘清边界，站好位，不错位。

基于上述思考和认识，在此后的班级管理中，班主任把自己放在陪伴、引导、规则制定者和维护者的位置，面对家长的高期望，尽量做到换位思考，以“您希望我做什么？我能做到什么？我建议您做什么”的思路进行沟通。在沟通中，引导家长树立边界意识，哪些是家庭教育应该做的，哪些是学校教育应该做的，哪些是需要家校合作共同完成的。

进入初中阶段，家庭教育要从小学的学习习惯培养转移到引导学生树立正确的价值观，包括学会分享与合作、学会面对差异、学会建立和遵守规则等。学校和班级要承担学生学科学习、价值观引领、如何在集体生活中获得更好的自我发展等功能。

初一年级的第二学期，几位家长不约而同地对某学科老师的教学提出要求，主要内容是要加入中考题目的讲解，不能天天只抓基础。这一要求，又出现了边界不清的问题。

对此，作为班主任，不能简单地做“二传手”，把家长的要求直接转给学科老师，也不能直接批评家长越界。一方面，和学科老师沟通，了解教学计划和阶段目标，委婉地询问什么阶段开始备战中考，同时，拜托学科老师在家长会上对教学阶段的安排稍作说明，以争取家长的同步配合。另一方面，把和老师沟通的资料转达给家长，消除疑虑和担心，同时，进一步提出“要信任老师”的要求。

边界意识是现代文明社会重要的交往原则，古代哲学把它表达成“和而不同”。在家校合作中，“和”是指家校合作的目标是一致的，都是为了学生健康成长；“不同”是指在各自的职能、责任边界里，学校教育代替不了家庭教育，家庭教育也代替不了学校教育。老师和家长要树立教育内容的边界意识，教育手段和方法的边界意识，责任和权利的边界意识。

目之所及，现在的家校合作，仍然存在边界不清的问题。由于种种原因，家庭教育被要求承揽过度的任务，家长角色以教师标准来设置，学校教育也被要求承揽过多的要求，教师角色以家长标准来设置。无论是家长和教师，只要是被过度指挥和被过度指派，都不是良好边界意识和规则的表现，教育效果可想而知。

其实，无论任何边界，都应该问问学生，都应该以教育规律和学生自主成长为边界……如此一来，教师、班主任、家长，既不会“越界”，也不会“让界”。这样的家校合作会让教育更清楚明白，会形成整合效果，会有利于学生的健康自主成长。

优于过去的自己

程国良

体育课是一门被日益重视的学科，它所承载的教育任务是增强学生的体魄、使学生拥有健康的心理。作为一名体育教师，在与学生共同成长的生命历程中，印在心里的教育故事数不胜数。

记得有一名新高一的女学生，个子小小的，看起来弱弱的，每次跑步她总是倒数第一名。有时我甚至都感觉生活对她不公平到了极致。但是，每次跑步她虽然很慢，但从未停下，从没放弃，一次次地咬牙坚持着，我能感受到她永不言弃的信念和坚持不懈的意志。

因为每次她都是最后，我有时想给她安排成临时裁判员，但我最终没有这么做，因为可爱的同学们并未表达不满，而且她每次都会坚持到终点才停下来，但她还是会在没人的角落里哭泣。每节课都如此。每次，我都会和同学们走上去安慰她，对她说："你成功了，因为你坚持下来了。你比一般同学拥有更顽强的毅力。"我只是没想到，这句话深深地印在她的心里。她在一次次的倒数第一中坚持着，努力着。

时间飞快，令我意想不到是，在寒假过后多次体育课的测试中，她跑步不再是倒数第一了，她一次次赶超，甚至能超过一多半的同学。就这样，体育课上，有了她的欢笑声。我问她是怎么做到的，她开心地对我说："因为您说过我比一般同学拥有更顽强的毅力，所以我进步了，只是我还需要坚持。”我了解到她假期中每天有坚持锻炼，她说她先天身体条件不好，只能凭后期的努力，哪怕下雪也会来个“雪中漫步”。

她坚持每天锻炼，从未停止，寒暑如此。看见她越来越强壮，性格也越来越开朗，我真的很高兴。也许，这就是体育的魅力所在吧。

体育教师不仅应教导学生挑战、坚持，更应关注学生心理发展。让学生在挑战中感受到自己的成长，这是体育学科的独特价值所在。因此，在体育教学中，教师要注意对学生体育品德的培养，体现出体育的学科价值。

在以后的教学过程中，我在教授学生掌握身体锻炼的方法及其意义基础上，不断进行学科渗透，让他们切实感受体育运动特有的魅力。

运动是日常生活中不可割舍的一部分。良好的运动习惯，看似简单，实则是体力的挑战，更是对心理的考验。形成良好运动习惯，充分证明了较强的自我管理能力、强大的意志力。

多年来的工作经历使我对体育教育有了更深的体会。社会不断发展，时代不断前进，作为一名体育教师，要及时发现、研究和解决学生教育和管理工作中的新状况、新问题，掌握其特点、发现其规律，用恰当的方式迎对解决。我希望，每一名同学都能在体育学习中获得成功的喜悦。

第五篇　学生成长需要“逗哄”

学生成长需要“逗哄”

陈德收

“哄”是个多音字，义不同则读音不同。读 hōng 时，是好多人同时发声的意思，如哄传；读 hòng 时，是吵闹的意思，如起哄。

今天我要说的“哄”，读 hǒng，取它的“用假话骗人”和“用语言或行动逗人喜欢”之意。

孩子是要“哄”的，“哄”不完全等于欺骗，在教育学里，更多是“逗引”“用让孩子容易接受和喜欢听的语言适度表扬”。

“逗哄”是需要老师具有“冷幽默”话锋和实力的，要想“逗哄”好学生，是需要教师苦下一番功夫的。

它不同于平时挂在口头的廉价的鼓励和表扬，其需要教师深入了解学生此时此刻的心理状态、情感情绪等，要摸准学生的脉，然后因人因情施教。

说孩子是需要“逗哄”的，缘于我最近与一个孩子的两次交锋。

前段时间，一朋友的女儿上初二，她不喜欢学习语文，就喜欢数理化，朋友着急，想让我给孩子补补课。我想，既然是朋友，没得说，他的孩子也就是我的孩子，我得好好教教她，让她在最短的时间内提高成绩，提增语文学习的兴趣和信心。

可这是我的一厢情愿，我想当然了，我没有想到我的良苦用心在她这儿没用了。

她是带着眼泪到我这儿的，很明显，她不愿意来补语文课，至于什么原因，我没有深究，反正是她什么也不说，你给她讲什么，她都没有反应，没有回应。我一着急，语气重了点，她就又开始哭了……她课没有上好，弄得我还挺尴尬。心里想："我教了这么多年的书，什么学生没见过，就让你这个小黄毛丫头难着了？"

可事实是这个孩子最后是带着泪痕走的。我感到特别失败，与她的家长沟通，朋友说："您帮帮我们吧，我们也没有招了，您就把她当成自己的孩子来教吧。"朋友的几句着急的话，我就又心软了，得，继续教吧。

我想要教好她得先摸准情况，我追问自己："孩子为什么要哭？孩子为什么对你的讲课没有反应？是孩子的问题，还是你老师的问题？"

这一周，孩子又来了，但是还是满脸的不愉快，肯定还是被逼迫来的。怎么办？我先从聊天开始，和她聊学校的老师，聊她喜爱的物理学科，聊她钟爱的小宠物，我面带微笑，态度亲和，边聊边"逗"她、"哄"她，让她打消对我的畏惧、抵触心理。由于我找到了她感兴趣的话题，"逗哄"起了作用，她终于打开了话匣子，眉飞色舞地对我聊起了她的兴趣、爱好。

我想，我得趁热打铁，开始聊她的语文学习困惑，这一次，她沉默了，又不说话了。我明白，这是她语文学习受伤害了，有了惧怕语文的心理了。怎么办？我向她讲起了我的一个学生语文学习的故事：2010 年，我教过一个学生，她的理科成绩特别好，几乎能拿满分，可就是不喜欢语文学习，以至于高三一模时语文才得了 97 分，刚刚及格。可她在高考时却考出了北京市的语文第一名的成绩。高考后探究她创造奇迹的原因，竟然是她一天写一篇作文，足足坚持了两个月……

我在讲这个故事的时候，孩子的眼睛亮了，我知道，这个故事打动她了，我趁机对她说："这个孩子能做到的，你也能做到，因为你比她更有优势的是你有大量的时间，你才读初二，关键是现在该怎

么办?”

之后，我与她交流了很多语文学习的方法和技巧，她的心被感动了。

很明显，我与这个孩子的这次沟通是成功的，思考其中的原因，不外乎以下几点：

一，我选用的这个故事很对孩子的口味，很能逗引起孩子的学习兴趣和努力向上的方向和动力。

二，我在与她沟通的过程中，有意识地运用了许多幽默的“逗哄”她的话语，让她心理放松、情绪振奋。

三，我适度地挖掘了她的几个亮点，趁机肯定、表扬了她，提振了她的自信心。

四，非常肯定地告知她，现在开始好好学语文，一切都还来得及，而且让她意识到数理化能学得很好的人，她的语文也肯定能学好。

其实，不单孩子的学业成长需要家长、老师适时适度地“逗哄”，事关其成长的方方面面均需要我们根据他们成长过程中的实际情况科学“逗哄”他们。

“逗哄”是一门学问，更是一门艺术，事关学生成长的质量和水准，值得为师者思考、研究和应用。

在失败中成长

张曦元

还记得那是一次班委选举，在经过半个学期的考察后，就要通过选举来确定正式的班委成员了。班长自然是大家最关注的职位，也正是在选举班长一职时，出现了让人意外的一幕，一直代理班长一职的小泽竟然以一票之差落选了。

小泽是一名男生，在小学时多次获得“三好学生”称号。进入初中以来，也一直表现得很优异。在代理班长期间，不仅遵守纪律，还能帮助老师维持纪律，主动承担班级的各项事务，对待同学们很热心，在学业上也很认真努力。作为班主任，我一直以为小泽会被选举为班长，没想到竟然以一票之差落选了。当公布结果的时候，不仅小泽，很多同学也很意外。看着原本自信满满的小泽瞬间变得十分沮丧，我的心里也很难过，我觉得有必要找他谈一谈。

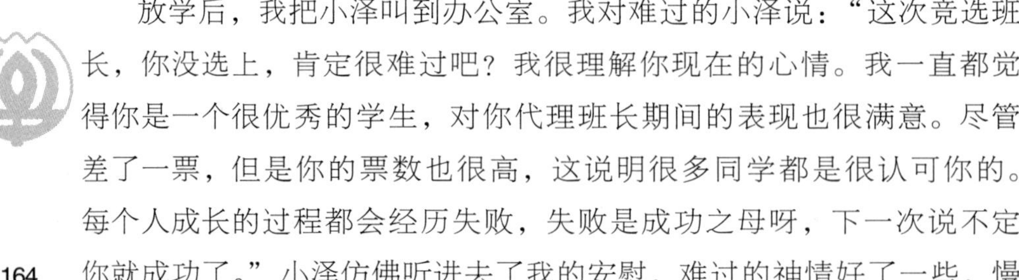

放学后，我把小泽叫到办公室。我对难过的小泽说：“这次竞选班长，你没选上，肯定很难过吧？我很理解你现在的心情。我一直都觉得你是一个很优秀的学生，对你代理班长期间的表现也很满意。尽管差了一票，但是你的票数也很高，这说明很多同学都是很认可你的。每个人成长的过程都会经历失败，失败是成功之母呀，下一次说不定你就成功了。”小泽仿佛听进去了我的安慰，难过的神情好了一些，慢

慢地说："老师，谢谢您安慰我，可是……"他欲言又止，又说道："老师，我想早点回家。"看着小泽落寞的神情，我把还想说的话吞回了肚子里，跟他家长确定了已经在校门口等待，便让小泽离开了。

从那以后，我发现小泽变了。没有以前那么开朗了，也没那么爱说笑了，以前经常和男生们一起打球，现在也不打了，总是很沉默地一个人发呆。看着曾经积极的少年变得如此消极，我的内心充满了担忧。于是，我准备再和小泽谈一谈。

在这之前，我先联系了小泽的母亲。通过和小泽母亲的谈话，我得知小泽是一个自尊心很强的孩子，在校表现一向很优秀，在小学时就一直担任班长一职，这次落选对他来说是一个很严重的打击。他的家长对这次失败也很难接受，觉得小泽不应该落选，对小泽很失望。

我发现小泽面对这次落选一蹶不振的原因，除了和自己不能正确面对失败有关，也和家长缺少失败教育有关。如果家长都不能正确去面对失败，那么怎么能教会孩子正确面对失败呢？于是，我对小泽母亲说："小泽是一个很优秀的孩子，但不是优秀的孩子就不会遭遇失败，失败的体验会激发孩子的潜力，让孩子变得更坚强、更优秀。很多伟人都是在一次次的失败中磨砺了自己的意志，进而才有了一番作为，失败是很正常的。成功固然重要，但能正确面对失败也同样重要，只有正确面对失败才能一步步走向成功。如果不给孩子正确面对失败的机会，当他以后面对更大挫折的时候，可能会更加难以承受。一个很少体验失败的人，自然会很难面对失败。要想孩子抗挫能力强，父母要允许孩子失败，要接受孩子失败，要在失败中教会孩子正确去面对，这是对孩子一生受益的事情。"小泽母亲对我说道："是啊，您说得有道理，在这方面确实是我们做得不够，我们家长会配合您的。"

放学后，我又把小泽叫到了办公室。他对我说："老师，我现在很沮丧，我觉得自己很差劲，同学们都不喜欢我。"针对小泽的状态，首先，我仍旧肯定他之前的表现，认可他对班级做的贡献。同时也安慰他道："你的票数也很高的，说明很多同学是很认可你的，不能妄自菲薄。如果大家都不喜欢你，又怎么会有很多同学给你投票呢？"我想先给予他肯定，帮助他重拾信心，然后再进一步分析落选的原因。接下来，我开始引导小泽要正确面对失败。我跟他说道："失败与挫折是人生的必修课，没有一个人的一生是一帆风顺的。人生路漫漫，一次的输赢并不重要，比输赢更重要的是，在这个过程中认识和发现自己的优势与不足，从而总结经验，吸取教训。在面对与克服困难的过程中，要调整我们的心态，要敢于克服困难，有越挫越勇的勇气和百折不挠的毅力，这些品质才是我们一生中最重要的收获、最宝贵的财富，是铸造幸福人生的重要因素。如果总是沉沦在失败的阴影里，没有一个健康的心态，那就不仅仅是输了一次竞选，更是输了笑对人生的心态。人生好比滑雪，充满着意外和挫折，跌倒是很正常的，但是只要你勇敢地爬起来，就好了。一个不敢承认失败、输不起的人，将来也不可能赢得起。老师相信你是一个坚强的、积极向上的孩子，一定会从这次失败中走出来，一定会变得更坚强，更乐观。"从小泽的眼神中，我看到他听进去了我说的话。接下来，我们一起对接下来的学习生活和班级生活进行了规划和调整。

这次谈话以后，小泽渐渐地从失败的阴影中走了出来，慢慢地又变回了那个积极进取的阳光少年。他更加热心地帮助其他同学，对班级事务也很热情，积极地配合班长的工作。当遇到不尽如人意的事情的时候，也会努力去克服消极情绪，学着积极面对，积极调整心态。在之后和小泽家长的沟通中，我也了解到，他的家长不再像以前一样一味去要求他赢，也会鼓励他敢于面对失败，教他客观地认识自己的优势和不足，有意识地磨砺意志品质。

通过这件事情，我发现有些学生生长于蜜罐中，被太多的赞美包围，往往很难去接受失败与挫折。这样的学生没有经历过磨难，所以欠缺抗挫折的能力，不够勇敢，不够坚韧，一旦遭遇失败，就会产生很大的心理问题，这对他们的成长是很不利的。这有学生的原因，也有家长的原因。因此，作为老师，要先和家长沟通，让家长认识到问题产生的根源，通过和家长一起努力，帮助学生渡过难关。既要客观地肯定学生的长处，也要指出学生的不足；既要让学生有自信，又要让学生理智对待自己的缺点。成功固然是我们追求的美好愿望，但这并不是人生的唯一目标。我们应该追求的是，在通往成功的道路上，我们经历的艰辛成长和蜕变。在失败中成长，笑对人生。

做学生的守望者

李爱民

老师们都喜欢学习好的学生：学习好的孩子学习习惯好，省心；而学习差的学生让人头疼，每天要在这些孩子身上花费很大精力。我也一直这样认为，也一直是这样做的。然而一个学生的出现改变了我的看法，“学优生”也会有问题需要解决。

2015 年，我去怀柔校区支教时接触到了小廖同学。初一开学才一周我就发现小廖同学与众不同：上课眼睛紧盯着老师看，听讲非常认真，回答问题总是第一个举手，站起来时身体笔直立正，双手放到裤线处，说话一板一眼，像在读文章，关键是回答的问题全对，条理清晰，还能拓展，态度非常认真。我很喜欢他。

然而好景不长，惊喜变成了惊吓。开学两周后，一次晚自习进行了有理数测验，小廖同学得了 99 分，是全班最高分，我觉得他考得很好，想当面表扬表扬他。到了课间，我找他来看试卷，并想帮他分析出错原因，现场改错。没想到他当场激动地大哭，还用头撞暖气管，嘴里念念有词：“我不允许自己犯这么低级的错误。”看得我目瞪口呆，赶紧劝解安抚。班里的其他学生告诉我，他就这样，见怪不怪了，说班主任都让大家不要刺激他。

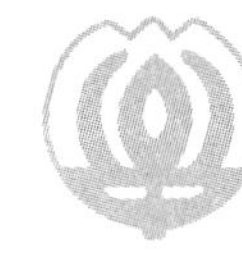

事后，我赶紧找班主任了解情况。小廖同学对自己要求非常严格，

做任何事情都一丝不苟，不管主科、副科都一视同仁，认真听讲，认真写作业，老师的提问都积极回答，不管题目难易。所有事情他都要求自己做到最好，如果出一点瑕疵，就会痛哭自责，甚至做出撞墙、用小刀割腕等自残行为。他在海淀区上过三年学，参加过数学竞赛，得过奖，后来回怀柔上小学，升中学。他的父母是知识分子，对孩子的管理比较严格，要求也比较高。孩子的兴趣爱好比较广泛，喜欢计算机、音乐、播音等。家长与班主任提前沟通了孩子的情况，班主任也在班里叮嘱其他学生注意与他相处的方式方法。

了解了这些情况，我在平时的课堂教学中开始注意与他说话交流的方法，不去刺激他，上课时在不影响其他同学听课的情况下多让他回答问题。他的作业或考试中出现问题时，先不急于让他改错，而是找他重新做这道题，并让他给我讲解如何去做，有哪些易错点，如何避免出错，如果出错了应该怎样处理、怎样改正。在他有了心理准备后再与他一起诊断错误原因，一起改正。慢慢地，孩子学会了正确处理错题的方法，虽然还会自责，情绪还会有波动起伏，但是逐渐减少了偏激的情绪，能直面出现错题的情况了。

小廖同学在初一时基本每次数学考试都是满分，随着知识的难度增加，初二的分数虽然得满分的不是很多，但基本都在95分以上。针对他超前学习数学的情况，我特意给他每天布置几道较难的题目，或者知识超出现有学习内容的问题让他解决，他做得很认真，有不解决问题誓不罢休的毅力。有时我觉得班上留的课堂作业对他来说太容易了，浪费他的时间，就对他说做了难题就可以不做课上留给全班同学的作业了，可是他还是认真地完成了，让我很佩服他，不管简单题还是难题都认真做。世界上最难得的是“认真”二字，最难做到的也是“认真”二字。

更为难得的是小廖同学不仅语、数、英等主科学得好，史、地、政、生，甚至体、音、美、劳技、信息等都认真学习，凡考必满分，而且不论简单题还是难题都能做对，从不因题目容易而不屑一顾，也不因非中考科目而不重视学习。这样自控力非常强的学生真是不常见啊。

随着名气的不断增大，有些初二的学生有不会的几何题也来初一6班找小廖同学帮助解决。孩子每周末都要去海淀上课外班，数学是高斯精英班。因为超前学习，在初一就参加了北京市初二数学竞赛，获得了三等奖。每次期中、期末考试，年级总分第一名都是他，还远远超出第二名五十多分，每次的单科状元都有他。

随着时间的推移，小廖同学也生出了些许骄傲。上课时抢着回答问题，在老师刚提出问题，其他同学还没有来得及思考时他就已经说出答案；同学课下问他问题时，讲完后如果同学没有听懂他会表现很不耐烦，说人笨。

发现了他的这些问题，我找他谈话，指出他的问题："因为比其他同学超前学习了教材内容，已经学会了相关知识，就不能把自己定位于与其他同学同一基础水平上，老师上课讲的内容是基于大多数学生没有学习过的情况的，同学们的学习需要思维过程，你用你已有的知识考量其他同学未学的知识，这样是否公平？你已经学会了，而其他同学没有学会，你替代了他们的思维过程，剥夺了他们独立思考的空间和时间，这样是否能促进他们的学习？你回答了这些你已经学会知识的简单问题，对你是否有提升作用？你在帮助其他同学讲解问题时，同学们都会很感谢你，如果你没有给他们讲懂，是否存在自身的原因，对知识的理解不到位才讲不明白？你的价值应该体现在帮助同学解决他们不能解决的问题上，而不是大家都会的问题。老师在给同学们讲课时，如果同学不会回答问题，老师是否会批评他，说他笨？老师会引导他思考问题，逐步把问题解决。"谈话后，小廖同学逐渐改变了自己的学习和处事的方式，上课不急于回答问题了，而是有选择性地回答同学们不太会的问题，并且学习怎样和同学们相处、怎么说话。

慢慢地，小廖同学逐渐学会了与同学相处，慢慢融入了班集体，同学也愿意和他交流了。他成为班里的一面旗帜，一个努力的目标。我鼓励班里的同学努力赶超他，赶上他就会有奖励，小廖同学有了危机感，就更加努力学习了。

我与小廖同学的妈妈加了微信，随时沟通孩子的学习情况、在校表现。家长非常配合老师和班主任的工作，利用周末回家时间按照老师的方法教育孩子。我不教他了，从怀柔回海淀了，他的妈妈还经常向我汇报孩子的成绩。

小廖同学后来上了1+3，专心主攻数学、物理竞赛，高二时已经通过了中科院英才计划，今年还参加了物理竞赛济南集训，发展得很好。虽然这个孩子有些特殊，但经引导后能步入正轨，心理健康成长，我感到非常欣慰。

兼顾每个学生的个性差异，首要条件就是需要爱和陪伴。在爱护每个孩子的过程中，老师要在关键时刻耐心、积极引导学生如何处理已学和未学的关系、学会与学懂的区别、会做与做对的跨越，多思考教育、学习心理学的知识，用专业的能力和无私的关爱来呵护每个孩子的茁壮成长！

老师是育人的职业，可我越来越觉得这个过程对老师自己也是一种自我教育和醒悟。和小廖同学相处过程中，我越来越深刻感受到唯有了解和懂得，才可能给予孩子真正的爱和教育。正如教育家苏霍姆林斯基所说："教育首先是人学。不了解孩子，不了解他们的智力发展，他们的思维、兴趣、爱好、才能、禀赋、倾向——就说不上是教育。"而有多少的父母和老师给孩子的爱和教育是想当然的、盲目的、自以为是的，而坏的教育可能比不教育还糟。

我也很感谢这个孩子，因为他，我开始思考并学习如何用专业的知识和方法更深入地了解学生。我觉得教师的首要任务不是"教导"学生，而应该是"了解"学生。这就是所谓的"教育诊断"。有了"诊断"，也许才会有真正的"有效教育"。

"……我最想做的就是麦田里的守望者。我想象有那么一群小孩，在一大片麦田里玩游戏，……我就站在旁边的悬崖旁边，责任就是在那边守望着，只要看到有小孩要往悬崖那边跑过去，快要掉下去了，我就赶快把他抓住。""孩子们都在狂奔，也不知道自己是往哪里跑，我跑出来把他们抓住……"

这是《麦田里的守望者》中的句子，我用它来勉励自己。当孩子无心犯错时，当他们无意或有意地违反规则时，当他们辨不清方向时，当他们心里无助时，我希望自己是一个智慧的、耐心的、光明的守望者，守望着我的学生在生活和学习的原野上快乐、健康地成长！

身后的职业角色榜样

范　玮

二十年前，初踏教坛，我没有刻意想过自己要成为哪种风格的老师，只是常常回忆读研时跟着导师去中小学做课题的种种场景。我很喜欢导师和孩子们相处的状态，于是从工作之初，便有意无意地模仿他的眼神、动作、语气。

工作八年后，因为休产假，离开工作岗位数月，逮着机会遥遥反观："我是哪种风格的老师？这种风格如何形成？究竟哪些人在潜移默化地影响着我，使我成为这样的老师？"

回顾自己全部的受教育（家庭教育以及学校教育）经历，我逐渐意识到，作为一名教师，我身后的职业角色榜样绝对不只大学导师。

最早的角色榜样，是我的老妈。她在学校工作了将近二十年，虽然不在一线教书，和学生打交道也很有限，但她对学生的态度给我留下深刻印象。

记忆里，常常有学生在老妈下班后来敲门："罗老师，我因为……事情，需要学校盖公章……"不论她正在忙着什么家务，都会停下手里的事，陪着学生去办公室。她认为解决学生的问题最要紧。当她做这一切的时候，总是和颜悦色，没有丝毫抱怨。

重视、善待学生的问题和需要，是她教给我关于"如何做一名教师”的第一课。

接着，是我的两位小学老师。

一年级的王老师，那时已年过半百。她对学生的关心无微不至。一次放学后补课，冬日天黑得早，刚过五点，外面一片黑黢黢。补课结束，老太太帮每个孩子把外套穿好，帽子、围巾系严实，然后把相邻而居的孩子们集合成小组，嘱咐我们一定要手拉着手回家。在我做了教师之后，自然而然地，也像老人家一样，除了学习，也会絮絮叨叨学生的生活琐事。

五年级班主任谭老师的课堂总是魅力四射，再抽象的数学公式，经过她的解释，就成了一桩桩家常趣事。几乎没有见她批评过哪个孩子，她的目光总是流露着鼓励和肯定。我的自信，就是在与她相处的那两年真正确立起来的。其他老师会空泛夸奖“真是棵好苗子”或者“这个孩子将来肯定有出息”。而谭老师会告诉我哪里做得好，哪里还可以再提高。真正的自信离不开对自我的清醒认识，而教师有义务帮助学生完成人生初期这门必修课。

然后，是我初中时代的几位老师。

初中三年，是我持续逆反的阶段。初二时，我的逆反心理升至顶峰，想方设法和班主任对着干。潜意识里，我一直渴望将对方激怒。可是，这个中年男人的冷静让我从未得逞。毕业前两个月，我的厌学情绪依然如魔鬼附身，初步决定放弃考高中，转向中师。他把我叫到办公室，语重心长地与我长谈，说服我要珍惜自己的潜力，再任性都不能拿自己的未来当儿戏。如果没有那一个钟头的对话，我的人生也许会是另一番模样。扪心自问，的确是初中班主任，教会我如何宽容对待青春期的孩子，如何做一名“麦田守望者”。

温老师是初中英语老师，她喜欢管闲事儿，从来不把自己当科任老师，甚至在不通知班主任的情况下，召开家长座谈会。家长会上，她的谈话重点并不局限于英语成绩。她向家长细致分析每个孩子的特点、长处、不足，提出中肯建议。细细想来，这位脾气虽然火爆，但是对学生充满热情，并富有强烈责任感的英语老师，其实一直像影子

一样，跟随着我的职业生涯。

历史老师孙老师是一个瘦小精干的老太太。课上，她绘声绘色地讲故事；课下，她精力不减地陪着小姑娘们踢沙包。多少年过去，我最怀念的老师就是这位如邻家奶奶一样极具亲和力的孙老师。

上高中之后，逆反心理渐渐消退，批判思维开始形成。面对一些现象，我开始有意无意地思考："如果我是老师，我会如何处理这些问题，我会如何对待学生？"

于是，在这所省重点高中就读的三年，我一边跟着这些教学一流的教师学功课，一边用批判的视角去观察他们的一些做法。

我最不认同的，当属本位主义。有一位担任文科A班班主任的老师，总是瞒着我们文科B班的学生，偷偷摸摸地在自己的班上发卷子、做习题，就为了考试时A班的平均分能够超出B班，哪怕只是一个百分点。

除此之外，教师对学生情感需求的漠视，我也无法接受。曾经遇到一位班主任，教学水平无人能敌，但是对于学生的心理状态，非常冷漠。一些住校女生遇到特殊情况或者想家心切，向她请假回家时，总要战战兢兢。出于安全考虑，否定学生回家的请求，尚可理解，但是，为什么不能给予安慰，为什么一定要冷若冰霜地拒绝？

高二文科班，由来自8个理科班的学生组成。因为班主任的不作为，这个集体始终像一盘散沙。若干小团体各自为营，而那些游离在小团体之外的孤独分子，始终不曾拥有归属感。对于处在发展关键期、渴望从集体和友情中获得慰藉与力量的高中生而言，没有比这更可悲的事情。

感谢这些老师一方面助我学业有成，另一方面也触动我站在其对立面上，去反思如何做教师的另一种可能和理想状态。

十二年的中小学的经历、体验、思索，如同一幅拼图的碎片，零零散散地堆放在我的心灵深处。大学时代，在北师大教育系浸润七年，特别是受导师的影响，那些碎片神奇地组成一幅拼图，让我逐渐明确理想教师的标准——理想主义、亲和力、幽默、热情、宽容、责任感、同理心、智慧……并将它们落实到自己的工作实践中。

一次挑战能力极限的教育任务

陈 默

做“名校”老师，你要随时应对各式各样的教育挑战。例如，给欧美国家完全不懂中国文化的初高中同学上书画交流课，你不了解学生，只能凭自己的感觉应对突如其来的教育任务。2020 年暑期，我遇到了一个意外的“极限”挑战：突然接到科研任务，为某远郊区县中小学教师团队做“美术课程标准深度解读”教学讲座，时长一整天，上下午一共六个小时，仅有三天准备时间。这对作为普通教师的我，不得不说是个巨大考验。

近十年以来，科研意识和课题驱动让我的思维能力、写作能力、组织研究能力快速提升。我参加了科研种子教师培训，经历课题的申报、研究、学习，关注有价值的教育教学问题，寻求解决的方案。近两年，海淀教科院入住 101 中学，接受了科研专家近距离指导、培训。作为 101“学科阅读”项目的负责人，我带领老师们密集梳理初高中美术教材，编写美术学科读物。20 多万字的文本，既要结合课标和教学大纲，又要深谙新时代艺术教育的思想和精神。刚做完这个任务，我确实对美术课标有更深的理解。这个不熟悉又不寻常的任务，是对我学科科研能力的全面检验，也是对我学科专业理念的系统梳理，于是我愉快接受讲座邀请。

怎样使六小时的科研培训不那么枯燥呢？怎样在我和老师们之间搭建起一座轻松沟通的桥梁？我用到了日常教学和课题研究的一些经验，设计了35分钟讲授、10分钟讨论、15分钟分享的层层递进的教学环节；将中小学课标解读结合学段案例设计与分析，抛出讨论题，请老师们即兴分享；在备课过程中，把受众当成我的教学班学生。美术课标涵盖小、初、高，以鉴赏和实践两个方向划分成造型—表现、欣赏—评述、设计—应用、综合—探索四大学习领域，由浅入深依据一定的条理、程序，知识、技能从简单到复杂，层层递进。我把这次理论讲座当成我的一节现场教学大课，酣畅淋漓地发挥自己。

我以“未来已来”导入我的讲座，强调了“见识”的高度和广度对于当代教师的重要意义。首先介绍了美、德、法、日、韩、新加坡等国家美术教学的基本状况和各自特点；其次谈了未来教育对于美育教师的要求；最后谈了美术教师面临的挑战。美术教师只有不断学习，提升自身的专业素养，加强学习力，才能够应对即将发生的一切。

第一节，我围绕“比较2001年版课标，修订后2011版《义务教育美术课程标准》最大的变化是什么?”展开讲座。解读美术课程的视觉性、实践性、人文性、愉悦性，其中特别强调了美术的视觉性特点，并列举出两个没有突出美术视觉性特点的教学案例，请老师们讨论“成功的美术课不能偏离美术的基本性质”。我安排现场老师分组讨论“如何在教学中凸显美术的视觉性”，并要求每位老师列举自己难忘的一堂成功的课与大家即兴分享。分享讨论过程中，老师们滔滔不绝，意犹未尽。

接下来的两节课，我循着美术课程标准的造型—表现、欣赏—评述、设计—应用、综合—探索四大学习领域，从目标解读、框架要求落实、具体的课堂进行深度分析。中间的讨论分享环节，我分别让老师们分享自己教学中最失败的案例，反思失败在哪里。有一位老师谈到了自己和一个孩子之间的“爱恨情仇”：课堂上的捣蛋鬼最终爱上了美术课，多年后考上了美术大学。讲到这里，老师的表情无比自豪。还有几位年轻老师分享了他们课堂所经历的困惑、不安，甚至焦虑。

许多老师对于分年级课标的实施充满疑问，我指导他们把握住课标的关键词，掌握方法，结合教材深度理解艺术教育精神。“只要思想不滑坡，办法总比困难多。”在关于欣赏—评述类型课的讨论时，老师们都说美术鉴赏很难讲，主要是把握不住深度，拿捏不准导赏的方法。我结合自己多年来的教学积淀，以中国古代十大名画之首的《清明上河图》为媒介，翔实地演示如何用描述、分析、解释、评价“四步鉴赏法”对作品进行深度解读，并结合欣赏—评述课程标准，指导老师们如何根据各年级学生进行难度调整、设置合适的问题，并指导教师们进行深度的鉴赏研究。

我的科研讲座在非常轻松的氛围中有条不紊地进行，就像是我给学生们上了一节超长的综合实践课。课堂既有理论知识，也有案例分享，有讨论，有分歧，有碰撞，有交流，有收获。上午三个小时，基本没有特定休息，看着老师们会心的微笑，我的内心无比愉悦。我想，教学是师生共同配合完成的创造性活动，作为教师，要时刻关注学生的反应，调整内容和教学策略，这堂大课虽然是讲给教师的，只不过对象变了，内容变了，但和我的日常教学没有什么两样。初高中教学对比小学，除了要关注学生的生理和心理年龄差异，对内容目标进行合适的难易度调整，更要密切关注课堂与学生面对面的每时每刻。教师要做一个随时支配和调整教学的有心人。

考虑到上午三个小时非常密集的知识量，下午我有意放慢节奏，依据课标和年级任务点，增加丰富的讨论问题，加强课堂互动。教师们积极参与讨论，争先恐后发言。最让我记忆深刻的是一位中学老师，她谈起多年来一直为农民工的孩子上美术课，带他们用最简单的线条表达丰富的内心世界，她利用身边所有易于获得的廉价材料，带领学生在造型的世界里寻找快乐。她的每一个教学案例都是那么生动、丰富，会后她还给我发送了大量学生作品图片。她说：“每一件作品的背后都是一颗心。”她的话给我留下了深深的印象。有一位年轻刚入职的老师，他谈起自己第二天就要上起始课，大脑一片空白，他没有教学经验，面对四十多位三四年级的小学生，非常忐忑。环视了一下台下

大多数年轻的面孔，我即兴将“怎样上起始课”这个问题加入。老教师们纷纷支着，谈自己的起始课授课经验，如以自己的才华打动学生，以丰富的手段吸引学生，以有趣的作品抓住学生，以新奇的美术现象拿住学生。总之，大家都有一个共识，美术起始课，谈课堂管理规则、严格落实工具材料才能做到乱中有序、快乐中又收获。看到年轻老师脸上满意的笑容，我倍感欣慰。

这次培训，老师们从头至尾都非常开心。他们大呼太有收获了，这一天来得太值了。培训会后，大家纷纷加我的微信，与我进一步交流执行课标的一些细节问题。科研思维拓展了我作为普通教师的教育空间，我成为名副其实的科研骨干。这堂大课的成功，源于我多年来的科研积累和对学科的深度钻研。总结几年以来的成长，我体会到，任何一位普通老师，教学之余都能形成一套自己的教育教学智慧，但教学成果的总结和输出需要具备较高的科研素养。教育思想的外化可以影响到更多的教育者，学科虽然不同，但教育技术是相同的。这也是我在科研讲座上跟其他老师们所传达的一个观点：一个人可以走得很快，但一队人可以走得更远。一颗教育的种子能影响学生，一个有经验的老教师能辐射到诸多的青年教师。教育教学的智慧就是以这样的一种方式在一代代传承。

以身作则

程　军

曾经读过一首小诗："百花园中花似锦，花红要靠育花人，滴滴汗水花上浇，喜看来日满园春"。二十几年的教学生涯，我深深体会到一个教师的重要性。教师的一堂课、一次问题的处理，甚至一个眼神、一个动作，都可能影响一个学生的成长与发展。

记得那是开学典礼的前一天，作为班主任，我向学生千叮咛万嘱咐：开学第一天路上会很堵，大家要提前出发，千万不要迟到。没想到，开学典礼的这一天，我却由于对早高峰估计不足，迟到了。

在赶往学校的路上，我为自己不断地编造了一个又一个理由，如前一天晚上身体不舒服了，我的车在路上抛锚了，等等。紧接着，一系列的问题出现在我的脑海中：我的学生会相信这些话吗？如果学生从第一次就开始怀疑我说的话，那么他们以后还怎么信任我、尊重我呢？如果学生不信任我，不尊重我，就算将来搞的班级活动再生动、再有意义，又有谁会被感染、被感动呢？最后我决定：面对今天的迟到，我要实事求是，坦白承认自己的错误，绝不给自己找借口，这样起码我的心是坦荡的。而且，我还要告诉我的学生：人无完人，老师也会犯错，关键是我们用什么样的心态来面对自己的错误。

开学典礼后，全班来到教室做总结，我在全班同学面前做了检讨：

“同学们，今天的开学典礼，大家都能够做到按时在指定地点集合，全班只有一个人迟到，给集体抹了黑，那个人就是我。主要原因是自己对北京早高峰的车流量估计不足。同学们都能做到按时到校，老师作为要求的提出者没有给大家起到表率作用。在此，我向大家道歉。并且真诚地向大家保证以后参加集体活动绝不迟到，请同学们监督。为了严肃班规，我应该罚做值日一周，请卫生委员给我分派任务。”

第二天开始，我每天早早来到学校，认真地做值日，这样一直持续了一周。

事实证明，我诚恳认错的态度，不仅没有损害我的班主任形象，反而换来了学生的理解和爱戴。而且，班里经常迟到的同学，也每天让家长按时叫醒，不再迟到。更可喜的是班里形成了一种风气，如果有同学犯错，就主动站出来承认错误，并且用实际行动为大家补偿，班集体的凝聚力得到了提高。

通过这件事，我深深地体会到：我们作为教师都希望自己的学生成为一个诚实的人，真诚地面对他人，要想做到这些，首先我们自己就必须是真诚的，真诚地对待学生、对待他人。

我们应该经常反省，我们希望学生拥有的品质，如诚实、真诚、勇敢、善良等，教师是否已经具备了？如果没有，我们在教育学生的时候也就不会有底气。因此，我们在教育学生的过程中应该不断地陶冶自己，师生共同发展。

小木箱

侯相卿

我性格沉稳，做事有耐心，又很喜欢孩子，好多熟悉我的人都说我适合当老师。

其实，如果以教师的职业标准来衡量，我也有过很多缺点。有时缺乏宽容心，总是以老眼光看学生，处理学生问题偶尔也会情绪化，少了一些冷静与理智。我曾对朋友说过："我现在也不认为我是一个师德高尚的人，但如果我要不当老师，可能比现在更庸俗。"

为什么当老师就能使我减少了许多庸俗呢？因为我有一个特点；凡事都很认真，当然对待自己的工作也不例外。我常常想：只要我站在讲台上，就有几十双崇敬的眼睛看着我，我可不能骗取学生的崇拜！

现在看起来，我的脾气也变得柔和了，处理事情比过去冷静多了，对学生也多了些宽容，成功地克服了许多不足。每当想到这些，我总是在心里真诚地说："这一切都应该感谢我的'小木箱'。"我把自己交给了"小木箱"，交给了学生的监督，鼓励学生对我这个老师说"不"！

那是很久很久以前的事了，我在教室里挂了一个小木箱，上面用英文写着：Welcome，boys and girls！同学们对此非常好奇，他们追着问我这个小木箱是干什么用的，看着他们天真可爱、稚气未脱的样子，

我说："如果谁对老师有意见，想说心里话，就可以写成字条，放在这个小木箱里。"学生们听完后半信半疑地点了点头，为了解除学生的顾虑，我又强调所写的字条不用署名。

几天过后，当我怀着喜悦、兴奋的心情打开小木箱时，我的心头犹如浇了一盆凉水，小木箱里空空的，似乎在向我倾诉着它的孤单与伤心……

于是，我又在班上鼓励道；"同学们不要有什么顾虑，自由表达自己的意见，老师绝不会批评你、找你算账。"

这天，我又怀着忐忑的心情打开了小木箱，我几乎都喊了出来，小木箱里终于有了纸条，而且不止一个。我像得到宝贝似的，轻轻地展开每一张纸条。但当我看到纸条时，心头的热情又被扑灭了，大多数内容是告别人状的——某某上课说话了，某某抄别人作业了，某某偷翻别人书包了，等等。不久，前几天被人告发的学生又写字条或进行辩解，或进行反击。这样一来，本来我想让学生给我提意见，结果成了学生之间的互相告发和攻击。

于是我反复给学生讲道理："你们给老师提意见，是对老师最大的帮助，凡是给侯老师提意见的同学，都是侯老师最真诚的朋友。"

也许我真的"太完美"了，学生找不到意见可提吧，还是我平时对他们太严厉，不敢提，我捉摸不透。

于是，在一次物理课上，我有意犯了一个错误，我把一个字写错了。我的一番心思终于没有白费，第二天，我在小木箱收到学生的一张小纸条："侯老师，昨天您上课时，写错了一个字，可能是笔误吧，对不起了，老师。"看完这张纸条，我内心久久不能平静……

我在班上念了这张纸条，并真诚地感谢了这位给我提意见的同学，虽然不知道这位同学是谁，但我相信这位同学内心是喜悦的。我偷偷环视了一下其他同学，有的在使劲点头，有的眼神疑惑，有的若有所思，我知道他们的内心已经开始动摇……

大概是学生们感受到了我的真诚，小木箱里的纸条渐渐多了起来，内容也由少到多，其中一个意见条是这么写的；"老师，您知道吗？上回听写因为我作弊，您严厉地批评了我，当天晚上我饭也没吃，没跟家里人说一句话，那几天，我总觉得抬不起头，可后来我终于想通了，您是真正为了我的学习着急，我跟您道歉，老师，对不起，那天我对您态度不好，在这里我向您保证，以后我决不会作弊了，我会努力的。”不知什么时候，我的双眼开始模糊，一种无以名状的感觉弥漫开来……

我稍稍稳定了一下情绪，又打开了另一张纸条，几行俊秀的字映入我的眼帘：“老师，您上课总是不让我们随便发言，这我理解，但是有时，您讲的问题，我总是有异议，或想进行一下补充，说实话，我原来不爱上物理，但您上课时的幽默、知识的丰富，渐渐吸引了我，我喜欢上了物理课，为此，我买了物理辅导书，在您讲课前，我都要预习，所以，在课上，我想把您没有讲到的告诉同学们，让他们也能积累学习方法，可每回您都不给我机会，总是说下课再说，有时，我感到很失望，老师，请您给我一次机会吧！”

我看完了小木箱里所有的纸条，思绪万千。每张纸条都是孩子心灵的倾诉。在我的眼里，他们只不过是一个个不懂事的孩子，没想到，他们的感情如此真诚，他们的思想如此丰富。

泪水浸湿了我的面颊，带着愧疚、带着醒悟我看着桌子上的一张张纸条，不，不是纸条，是孩子们敞开的心扉，是心灵的呼唤，我读懂了他们的心。

我感谢我的小木箱，为学生与我的真诚交流搭建了桥梁，正是因为小木箱里的真心话，让我与学生们学会了自我反省、自我教育，学生们对我的民主、平等、虚心、宽容感到由衷的钦佩，从而形成和谐的师生关系。

小木箱让我的教学生涯增添了一份份感动、一份份真诚、一份份收获，充实了我的人生，丰盈了我的内心。感谢小木箱，感谢我的孩子们！

我会永远珍惜我的小木箱……

不妨来点温柔的惩罚

——我与一个孩子三次“斗争”的教育叙事

陈伟东

作为一名自认为并不出色，但是勤恳努力的教学管理人员，对于教育也有一些自己多年来的感悟，借着这次机会，希望能够分享给大家，与大家共勉。其实作为教师，又有几个能够有惊天动地故事呢？无非是清清淡淡、平平凡凡，多少流光溢彩的梦幻，浪漫了昨天苍白的夜晚。日复一日，讲述着自己精心备好的课程，解决着学生们各式各样的问题，年复一年，送走一批又一批的学生，期盼着他们将来能够有所作为。

——题记

既然选择了教师这份职业，就意味着选择了将教育的责任背在肩头。曾经有句话让我感触很深：“把平凡的小事做好就是不平凡。”这句话把教师这个职业阐释得淋漓尽致，尤其是教学管理。说来惭愧，从教29年，我并没有将一个冥顽不灵的学生转化为一个成绩优秀的佼佼者的功绩，也没有让一个寒门学子在我的支持下一举夺魁的自豪。每当我看到有这样的案例发生，除了对同行前辈的崇敬、对“鱼跃龙门”学生深切的祝福之外，我最大感受的是庆幸，庆幸我身边并没有如此艰难的学生。作为教师，我更希望的是每个学生都能快乐地学习和成长。在当今的社会条件下，我并不希望还会有“天将降大任于斯人也，必先苦其心志，劳其筋骨……”现象的发生。我认为平凡的教学经历也可以书写出不平凡的故事，我与孩子做了三次“斗争”的事，就是发生在平凡生活的故事。

我从小的理想就是能够做一名出色的教师，因此在读书阶段，就会注意观察班里同学们的状态，他们喜欢或者不喜欢什么样的教师，喜欢或者不喜欢什么样的教学方式，这对我的从教工作帮助很大。在教学过程中，我更喜欢学生们叫我师父，因为除了老师，还多了一层“父母”的含义，像父母一样对待学生才是一个教师应该保持的心态。

依稀记得2008年深秋的一天，我给每个班都讲了一堂相同的课。台下一双双清澈的眼睛，像极了当年的我。课上自然是学习名列前茅的学生最为积极，有着问不完的问题，不过我最为关注的是那些沉默寡言的学生。那天我遇到一个在我课上吃泡面的学生——李某。

第一次斗争（尊严斗争）开始了：我严厉地批评了他，他表现出很不服气。于是我在当天放学后将他留下，并叫来了他的家长。在家长的“帮助”下，他承认了错误，并保证以后不会再犯相同的错误。因此，我获得了第一次斗争的胜利。

在之后的一段时间内，他确实上课没有吃过东西，但是他的班主任经常反映他上课睡觉，并且叫也叫不醒，因此很多任课老师已经放弃了他，任由其“自生自灭”。

第二次斗争（管理斗争）开始了：我将他叫到办公室，他态度相比之前好多了，也承认错误，但是在之后的学习中并没有改正，成了一个“知错不改”的学生。我在全班学生面前点名批评了他，并威胁他：如果再犯，就在每次升旗大会上与老师“一起罚站”。之后的他没有犯过类似错误。

但是本来以聪明著称的他，各项成绩却从班级前十名一路走低，渐渐成为“差等生”的代名词。我意识到我对他的管理方法可能并不正确，初中生正是叛逆期，为什么不给他一点“温柔的”惩罚呢？

第三次斗争（和好斗争）开始了：作为教学管理人员，除了要维护好纪律，更重要的是保证学生的健康成长。因此我开始对他进行“温柔”的惩罚，自掏腰包买了一些适合他水平的益智习题，每次都罚他做5～10道习题，并给我讲明白。久而久之，他似乎明白了我的用心，犯错少了，但是做习题的量却越来越多，成绩也恢复了。他也开始尊称我为“师父”，许多学生在他的影响下都叫我“师父”。

作为教师，看着孩子们的成长是最开心的事，每一天的工作重复，即使累，也从不会抱怨。在他们毕业时，我收到了一封封预告别信：“师父，不知道您能否继续管理我，但是您永远是我最敬爱的老师。”“师父，您带我之前，我最盼望的是放学，现在我最盼望的是上学。”……有的是不舍，有的是祝福。

多年的教学管理经验告诉我，师生关系的良好建立是教学工作顺利开展的基础。学生的成长是对老师最好的回报，直至现在，我仍然将这句话作为我的座右铭。在我管理的每届学生中没有后进生，有的只是暂时还没有找到学习宝藏钥匙的探索者；在我管理的每届学生中没有调皮生，有的只是想被老师重视却用错方法的小可爱；在我管理的每届学生中没有懒惰生，有的只是想要学习但缺乏兴趣的彷徨者。作为教师，没有特别关照过任何一个个例，这是我的平凡，但我不会放弃任何一个人，这是我的原则。

我一直秉持“良好的学习氛围是良好学习成绩的源泉”这一理念，致力于班级氛围、班级良好关系的建立。“你若盛开，蝴蝶自来；你若精彩，天自安排。”这个世上需要英雄，但英雄毕竟是少数。作为教师，只需要恪守本分，把自己平凡的分内事做好，不求轰轰烈烈，但求问心无悔。

做学生心灵的引路人

张　越

著名哲学家爱尔维修曾说："人刚生下来都一样，仅仅由于环境和教育的不同，有人可能成为天才，有人则变成凡夫俗子，甚至蠢材。即使再普通的孩子，只要教育方法得当，也会成为不平凡的人。"对此，我深信不疑。玉在山而草木润，渊生珠而崖不枯。如果说学生是追光者，那教师就应该是引路人，引领孩子们找到自己的光，为他们照亮前路。

在我任教的教育落后地区，孩子们往往缺乏自信，因害怕得不到正面回应而羞于发言，不敢表达。但事实上，每个孩子都是追光者，都在找寻自己心灵的引路人。对于这种被边缘化的孩子，他们更迫切渴望得到教师的尊重、引领与赏识。只有教师的倾听、指引和鼓励，才能激励他们取得更大的进步。

初中孩子往往缺乏学习自主性。为了激发斗志，我曾在班级召开一次名为"如果"的主题班会。我让学生展开想象：如果一直按照如今的态度学习生活，长大后的自己会过上怎样的生活？许多孩子分享了自己的"如果"，他们意识到，长此以往，自己将无法进入理想的高中及大学，从此过上平庸、遗憾的生活，因此决意从当下开始改变。正当我为这显著的教育效果心生欢喜时，一个平日沉默寡言，经常在

课上读侦探小说的女孩举起了手，打算分享她的“如果”。她略带忧伤地说：“如果继续沉迷小说的话，我的学习会彻底崩盘，将来会考不上好的高中，读大学更是无望。但我是家里唯一的希望，在爸妈的高压之下，可能会自杀吧。”听到这里，我心里猛地一紧：认识到问题是好事，但对未来毫无希望绝不是好事。我整理了一下思绪，告诉她：“如果老师续写你的故事，那么它的结尾将是这样的：那个酷爱侦探推理小说的女孩开始痛定思痛，完成了学习任务才去读小说，这种延迟的满足感让她安心而快乐。高考那年，她凭借出色的成绩被北京大学中文系录取，毕业后成了一名出色的侦探小说家。正如她偶像阿加莎·克里斯蒂的作品屡被拍成电影一样，50 年后，她的作品也被搬上大荧幕。那个时候，老师变成老太婆，带着她当时的初中同学一同去观影，并深深感慨道，当年那次主题班会，或许就是改变女孩人生的那道光吧。”不久，皮格马利翁效应就出现在女孩身上。正如我所期望的那般，女孩的成绩开始突飞猛进，中学毕业后成功赴美深造。既已找到自己的光，相信她今后一定会坚定所爱，为了梦想一路前行。

除了自主性差，青春期孩子还会面临与父母沟通不畅的问题。我的班级有个平时不言不语的男孩，他很“佛系”，一直没有什么奋进的动力。升入初三以后，他的父母愈发急躁，在恨铁不成钢的心理驱使下，他们更加频繁地用言语朝孩子心口甩刀子。结果却适得其反，孩子从此拒绝跟父母沟通，一直保持沉默状态，成绩也直线下滑。面对这种情况，我找到孩子，了解了事情的经过，这才明白孩子自己也着急难过，但父母的冷言冷语让他觉得自己特别失败，学习也不像以前那样快乐了，取而代之的是“学不好怎么办”的恐慌。我告诉他：“有目标的人在尽情地奔跑，没目标的人在辛苦地流浪。我们一起找找指引你奔跑的光吧！”说到这里，孩子告诉我，其实他一直在偷偷存零花钱，打算给妈妈换一部手机。我瞬间找到了事情的突破口。我告诉他：“将来你妈妈一定会是个超幸福的老太太，用着最先进的手机，穿着最时髦的衣服，开心地去世界各地旅行。这一切都因为他有一个孝顺又优秀的儿子。这孩子天性纯良，又有进取心，一路升学考到了心仪的大学，毕业后找到了一份收入颇丰的工作，可以眼都不眨地为父母买全世界的好东西，而不是辛辛苦苦挣钱存钱，奔波于生计而无暇感恩父母。老师坚信，你一定可以把有朝一日变成今日。”听完这个美好结局，男孩的坚定目光告诉我，他已经找到了自己的方向，并会为之坚定地奋斗下去。

作为一名教育者，作为孩子心灵的引路人，就算他们没能达到我们的期待，我们也不该因急躁而伤害孩子。相反，作为孩子生命中最重要的人之一，我们要指引他们找到自己的光，示以美好，授以希望。每个孩子都渴望被世界认可，被所有人温柔以待。孩子们终究有一天要一个人去社会上闯荡，面对各种人、各种事，不能犯错，也不能放肆。在辉煌或落寞的时候，他们也许会想起，曾经有那么一群人，温柔地对待过自己，告诉他们前方有美丽的光，于是他们昂首阔步向光而行。孩子们感恩的，从来都是课本之外的东西。

身处教育变革的信息时代，当今教师更应当注重对学生心灵的引领，而不仅仅是一本有生命、会呼吸的教科书。学生们有着不同的社会背景，有些孩子在过去的十几年里早已被父母打磨得亮闪闪，而有些孩子却像是蒙尘的星星，看起来灰蒙蒙的。但是，总得有人去擦亮星星，所以必须有人带上水桶和抹布去努力劳动。之于教师，擦亮蒙尘的星星是一项神圣却艰苦的任务。在日常教育教学中，教师应多给予学生心灵上的引领和温暖的教育，示以美好，授以希望，助其成为有思想、有作为、有温度的公民。与其坐而论道，不如起而行之。坚持走在教育的路上，迎接一站站美好的风景。

做洞察学生敏感内心的福尔摩斯

闫　阅

我是学校的心理健康老师，有时候会在课堂上就某个话题组织一场辩论会。其中一场辩论会引起了我的注意，但吸引我的不是学生对辩题的理解，也不是辩论双方出现的纷争，而是一个风波背后的故事。

“同学们，今天的作业是为下节课的辩论会提前收集素材，并整理自己的观点，辩题是到底应不应该对他人进行评价。”在我布置完作业准备离开的时候，一个声音叫住了我：“我觉得这个辩题没什么可以辩论的。”站在我眼前的是个个子小小的、戴着厚厚眼镜的女生，一双看似坚定的眼睛却怯懦地不断上下转动着，她叫小可。“哦？”我表示疑惑。“这个辩题明显就是不对的。”她小声说，然后不确定地看了看我，希望我给她确定的答复。我思考了一下，觉得还是可以对此进行讨论的，于是向她解释了两种可能。没等我说完话，她就又急着说：“不，我觉得这就是不应该的啊，没有可以讨论的价值。老师换一个吧。”我笑了笑，摸摸她的头说：“你再从各种角度上去想想，我觉得还是可以讨论的。”说完，留下明显不服气和有些焦虑的她便离开了教室，心里想：“这个女生有点意思。”

等到下节课时，小可明显为她的立场做了很多准备，但是辩论会上她情绪有点过于激动，甚至好几次要和其他同学发生口角，这个现象引起了我的注意。凭借作为心理老师的敏感性，我觉得这行为背后可能不仅是观念不一致这么简单。于是我多关注了她一下，她在听别人说话时，会有一些小动作，如抠手指、攥拳头等，这暗示了她可能有些焦虑和紧张。在保证一节课顺利进行后，我临时布置了一项家庭作业——如果你发现有人在背后评价你，你会有什么感受。批改作业时，我特意先找出了小可的作业，她写道："我不喜欢别人的评价，让我很紧张，我知道我有很多缺点，有什么可议论的……"其实青春期的孩子多少都会有点"自我中心"（总觉得别人很关注自己），但过于敏感的小可认为这是他人的"攻击"，我觉得问题出在"自信"的问题上。

于是，我安排了一节关于"自信"的课。小可说她其实挺自信的，因为父母和老师总会鼓励和表扬她。"他们总是会说我做得很好，表现得很棒。就算我觉得自己做得不够好，他们也总是会鼓励我。"小可说。这时有同学插嘴说："我爸妈也是这样，但我不喜欢他们这么说，因为我会觉得很有压力，也特别愧疚。"小可没有回应，但是我看见她轻轻点了点头。

看到这一幕，我内心大喜，我觉得自己找到了问题的源头。我约谈了小可的家长。妈妈说小可比较敏感，为了提高她的自信，他们总是尽可能多地给孩子鼓励，"真棒""真好"这类的词简直就成了口头禅，无论小可做得怎么样，父母都是大加赞赏。我提醒妈妈这样做有问题，妈妈很不解，说："鼓励、表扬，咋还不对了？"看着妈妈疑惑的表情，我和她谈及如何培养孩子的自信。

正是父母不当的表扬让孩子越来越不自信，害怕失败。进入青春期的孩子，他们开始形成自我认识，对自己多少有所了解，父母出于保护和安慰的认可，对孩子"言过其实"的表扬成为一种负担，让他们看不清自己的能力到底有多大，有时候为了避免让自己受到打击，或者让父母失望，孩子可能会变成"害怕失败型"，只选择那些能轻易成功，在自己舒适圈范围内的任务，完成后其实他们也会困惑，反问自己是不是就这么大的能力了。不分适宜、笼统宽泛的表扬让孩子越

来越怕外界的评价，孩子的自信应该来自一次次完成挑战性任务后对自己能力的认可，家长应该注意鼓励和表扬的技巧。

这个故事其实也给我的教育经历提供了启示。

首先，心理健康课确实要提升所有学生的心理素质，但有时候我们将着眼点放在个别学生身上，能切切实实有效地影响到某一个学生。若总是将课程设定在普遍性的内容上就有可能哪个学生的内心都不能击中，未免显得浮于表面了。

其次，教师要保留敏感性，发现学生的“微信息”。每个人都可能不愿意将自己的真实想法透露出来，这就需要老师捕捉学生隐藏的小细节，要有一点“福尔摩斯”探案的敏锐性。另外，老师还要帮着学生把握问题方向，如果只从问题表面去分析，那就可能一直朝错误的方向努力。

再次，心理健康课的课程内容应该具有灵活性，根据不同的学情随时调整内容。必要的适时的调整，会使内容更具有针对性。

最后，在课程设置上，应该多让学生分享和表达。学生只有多表达才可能更多地提供给教师信息。通过讨论、辩论、写感悟、画图等方式让学生表达自己的情绪和想法，教师根据这些信息引导学生，教会学生如何正视问题、弹性看待问题，助力学生成长。

了解孩子“沉迷”的游戏世界，引导他们回归现实

田丽丽

杜蘅同学原本成绩优良，但在线上教学期间，他的课堂参与度很低，课后练习也经常完不成，成绩一落千丈。他的家长曾多次向我反映情况，说平时上班没办法每天监督，以至于他常常拿着手机在自己卧室里关着门玩游戏。

“为什么孩子这么爱玩电子游戏，玩得头昏脑涨都不停止，为什么我们苦口婆心的教导他们一点也不听？”这应该是许多家长和老师心中的疑问！我想是因为我们一直在自己的世界里循环，试图把我们的认知生硬地灌输给孩子，根本不了解孩子沉迷的世界是什么样子。想一想，难道我们年少时没有沉迷的事物吗？当年有没有想去抓知了、捕蝴蝶、玩玻璃弹珠、滚铁环，而不愿去上学、不想写作业的时候？不同的时代有不同的游戏。我们需要与孩子产生共情，了解他们沉迷的那个世界。理解他们，懂得他们，才能帮助他们。

我自己下载了当前最火的一款手机游戏《王者荣耀》。玩了一段时间，我发现，这个游戏有各种各样的英雄、花样繁多的技能、紧张又惊险的游戏节奏。这其中密切配合的团队体验、战略战术的智慧运用以及战胜敌人的快感等都会让玩家获得极大的快乐。我赢了的时候想

接着赢，升到更高的段位，输了的时候更想玩，因为想下一次赢。我从游戏的胜利中获得了成就感，从游戏的失败中反思总结，争取下一次胜利。亲身的体验让我非常理解孩子。在这个互联网高速发展的时代里，游戏是孩子们娱乐休闲的重要方式。

游戏有它的价值，我们不可“谈游戏色变”。我们需要做的是理性看待。一次午饭后，我和杜蘅等几个孩子在教室里闲聊，我讲了我也有沉迷于《王者荣耀》的经历，他们听了特别兴奋，对这个话题很感兴趣。我顺着他们的兴趣讲了我的游戏反思。

《王者荣耀》这款游戏即使打到最高的段位也还有级别差异。一个服务区的前几名才有机会参加俱乐部选拔而有可能成为职业选手。对，只是有机会而已，能走多远，还需要天赋，更需要夜以继日的刻苦训练。职业选手需要具备的先天素质和付出的努力远超于我们日常的学校学习。那我们沉迷于此做什么呢？我们只是获得了难以持久的快乐和虚拟世界的缥缈成就感而已。在互联网飞速发展的今天，不去努力成为互联网技术的推动者，而只是做互联网衍生行业的消费者，消费自己的时间和金钱，甚至是前途。付出巨大的精力沉浸于虚拟世界的快乐，让自己离现实世界的成功越来越远。这样的人生是没有价值的。

孩子们听得非常认真。后来，杜蘅的爸爸与我沟通说，孩子跟他们讲了玩游戏需要付出常人难以想象的努力，才能成为真正的赢家。他说孩子好像懂事了一点，但是自制力还是不够，仍然会用不少时间玩游戏。是的，要把孩子从沉迷的虚拟世界里带出来，没有那么容易。

我想我们可以尝试建立虚拟世界与现实世界的联系。我在讲古埃及文化时，问孩子们：“你们知不知道《王者荣耀》里有哪些英雄的设计运用了古埃及文化元素？”杜蘅脱口而出：“杨戬的埃及法老皮肤，还有女娲的尼罗河女神。”我笑着说：“你很了解嘛！但是你们看这几个英雄皮肤的设计者是不是非常懂世界历史啊？我们都听过女娲造人的传说，女娲是中国的创世女神。而尼罗河孕育了古埃及文明。古希腊历史学家希罗多德曾说：‘埃及是尼罗河的馈赠。’为女娲设计的尼罗河女神的皮肤巧妙地将古代中国文明与古代埃及文明联系在了一起。还有云中君的荷鲁斯之眼也运用了埃及文化元素。云中君是鸟人形象，而荷鲁斯神是鹰首人身，是猎鹰之神，是古埃及人最崇敬的神祇之一，是法老的守护神，是王权的象征。荷鲁斯之眼代表荷鲁斯神的庇佑，被埃及人当作捍卫健康幸福的护身符。在埃及，它经常被绘在死者的棺椁上，保护死者在通往永生的路上不受伤害。现在，大家有没有觉得游戏不仅仅是游戏？它汇聚了悠久的历史文化、先进的科学技术和设计者的智慧。其实利用知识进行创造，比消费别人创造的东西更有趣啊！”课下，杜蘅主动找我说杨玉环的遇见飞天皮肤、瑶的九色鹿皮肤都运用了敦煌文化元素，看到他进行了主动思考、学以致用，我非常开心，并且指导他课下了解九色鹿的故事，下节课在课堂上与同学们分享。

每个人本质上都是理性的，其实孩子心里明白不应该花大量时间玩游戏，应该好好学习。可是游戏世界的轻松快乐，容易获得的成就感让他们失去了理智。我们要帮助孩子对现实世界产生更大的兴趣，帮助孩子在现实世界里获得成就感。我指导杜蘅做好每日规划，把每日的学习任务列表，每完成一项就画一个对钩，完成学习任务后可以玩游戏，但是不能超过 3 局，这个是我和他的约定。我建议他父母偶尔也可以观看一下孩子玩游戏，参与到他喜欢的活动中。我还建议他们一家一起去打羽毛球、散步，或者游泳，帮助孩子进行更健康的身体放松。一段时间以后，杜蘅玩游戏的时间显著减少，成绩也有所进步。

了解孩子沉迷的世界，与孩子产生共情，孩子才会更加信任我们，会将我们说的话记在心里。再加上耐心的陪伴、适当的引导，孩子就会一点一滴慢慢变得更好。

后　记

潜滋暗长，润物无声

陈德收

有人说，一个人的阅读史就是一个人的精神成长史。换言之，一个民族的阅读史就是一个民族的精神成长史。

阅读很重要，可阅读到底有多重要？它可以改变人的灵魂，抑或塑造人的性格；它可以改变国家形象，甚或塑造民族精神。

众所周知，阅读离我们太远了，姑且不论若干有志者的数据统计与分析，单就普通民众而言，阅读似乎是别人的事。阅读离我们究竟有多远？可谓近在咫尺，却也远在天涯。

这里有一个不争的问题值得思考：当下的人们为何远离了经典阅读？其实远离的是人们内心深处的那一片宁静，那一方精神的桃花源。

如何重拾阅读？说大了，这是一项工程，浩大的心灵成长工程；说小了，只是一件小事，如同人们日常的衣食住行。可由于世风的问题，无论大人孩子，都难抛功利之心。

阅读是一件润物无声的事情，需要阅读者的平和心境和“慢慢走，欣赏啊”的心态。

可谁是阅读者？生活中的你我他，无论身份和地位。该怎样阅读？拿起书来读即是，有滋有味，摇头晃脑，自娱自乐。读什么书？有字之书，无字之书，最好是经典之书。

事实是：谁也不是生来就喜欢读书的人。世间凡事均需有人引路、领导，比如读书，父母、同学、先哲、圣贤……均可为读书者的榜样和表率。对于中小学生，老师则更是启导者。

因为，毋庸讳言：

教师是学生阅读动力的主要启动者，因为教师赋有劝学、传道之责。

教师是学生阅读习惯的重要培养者，因为教师拥有指导、授业之能。

教师是学生阅读能力的关键提高者，因为教师具有答疑、解惑之职。

实施“阅读工程”的关键在“图纸”设计和“建造”落实。其间有个灵魂的东西，就是设计者的匠心。

大凡设计均需“农人”情怀，何时耙地、播种，何时施肥、间苗，“农人”自发而为，风雨无阻。

在这里，就有这么一群“农人”，自发早起，自觉行动，从启动“禾苗”们的阅读动机开始，诱导、启发孩子们阅读、思考和创作；从点拨学生们的阅读方法入手，点燃、启动他们的阅读热情和持续行动；从开启家长们的合作、配合意识发轫，师长同步、互动，亲子同读、共赏……

在“经典阅读”的这片田野里，“农人”小心播种，经心管理，呵护一棵棵幼苗茁壮成长。

禾苗长大了，壮硕了，“农人”该笑了。

当下正值惠风和畅，“农人”们必将丰收在望，当然，前方的路还很长。

向这些“农人”们致敬吧，相信读者会不由自主地认同、借鉴他们的精神。

潜滋暗长诚可贵，润物无声共生长。